国外国防科技年度发展报告（2021）

先进制造领域科技发展报告

XIAN JIN ZHI ZAO LING YU KE JI FA ZHAN BAO GAO

中国兵器工业集团第二一〇研究所

国防工业出版社

·北京·

图书在版编目（CIP）数据

先进制造领域科技发展报告/中国兵器工业集团第二一〇研究所编著 . —北京：国防工业出版社，2023.7
（国外国防科技年度发展报告 . 2021）
ISBN 978 – 7 – 118 – 12990 – 8

Ⅰ. ①先… Ⅱ. ①中… Ⅲ. ①国防工业 – 科技发展 – 研究报告 – 世界 – 2021 Ⅳ. ①TJ

中国国家版本馆 CIP 数据核字（2023）第 117827 号

先进制造领域科技发展报告

编　　者	中国兵器工业集团第二一〇研究所
责任编辑	汪淳
出版发行	国防工业出版社
地　　址	北京市海淀区紫竹院南路 23 号　100048
印　　刷	北京龙世杰印刷有限公司
开　　本	710 × 1000　1/16
印　　张	12¼
字　　数	132 千字
版 印 次	2023 年 7 月第 1 版第 1 次印刷
定　　价	86.00 元

《国外国防科技年度发展报告》
(2021)
编委会

主　任　耿国桐

委　员（按姓氏笔画排序）

王三勇　王家胜　艾中良　白晓颖
朱安娜　李杏军　杨春伟　吴　琼
吴　勤　谷满仓　张　珂　张建民
张信学　周　平　殷云浩　高　原
梁栋国

《先进制造领域科技发展报告》

编 辑 部

主　编　高彬彬
副主编　苟桂枝

编　辑（按姓氏笔画排序）

李良琦　李晓红　宋韦哲

《先进制造领域科技发展报告》

审稿人员（按姓氏笔画排序）

王三勇　王雅玲　方　勇　方　楠
刘亚威　高　原　彭艳萍　廖小刚

撰稿人员（按姓氏笔画排序）

刘　勇　刘亚威　阴鹏艳　李良琦
李晓红　宋韦哲　苟桂枝　柏关顺
高彬彬

编写说明

科学技术是军事发展中最活跃、最具革命性的因素,每一次重大科技进步和创新都会引起战争形态和作战方式的深刻变革。当前,以人工智能技术、网络信息技术、生物交叉技术、新材料技术等为代表的高新技术群迅猛发展,波及全球、涉及所有军事领域。智者,思于远虑。以美国为代表的西方军事强国着眼争夺未来战场的战略主动权,积极推进高投入、高风险、高回报的前沿科技创新,大力发展能够大幅提升军事能力优势的颠覆性技术。

为帮助广大读者全面、深入了解国外国防科技发展的最新动向,我们以开放、包容、协作、共享的理念,组织国内科技信息研究机构共同开展世界主要国家国防科技发展跟踪研究,并在此基础上共同编撰了《国外国防科技年度发展报告》(2021)。该系列报告旨在通过跟踪研究世界军事强国国防科技发展态势,理清发展方向和重点,形成一批具有参考使用价值的研究成果,希冀能为实现创新超越提供有力的科技信息支撑。

由于编写时间仓促,且受信息来源、研究经验和编写能力所限,疏漏和不当之处在所难免,敬请广大读者批评指正。

军事科学院军事科学信息研究中心
2022 年 4 月

前　言

先进制造技术是衡量一个国家工业能力和科技发展水平的重要标志，国防先进制造技术对确保武器装备产品质量、缩短研制生产周期、降低制造维护成本、提高战技性能指标具有重大影响，因此，世界各国高度重视国防先进制造技术进步，积极布局国防先进制造技术发展。密切跟踪世界国防先进制造技术发展态势，深入研判国防先进制造技术热点问题，把握时代脉搏、选准突破方向，对于促进我国国防科技创新和制造业转型升级、实现自主可控、对标国际先进水平、推动制造技术进步、实现武器装备更新换代和跨越发展、加快制造强国和科技强国建设具有重要意义。

为及时、准确地了解 2021 年国外国防先进制造科技发展状况，我们组织相关力量，遴选具有重大现实或潜在影响意义的领域开展系统分析研究，形成了《先进制造领域科技发展报告》。全书内容包括综合动向分析、重要专题分析和附录。综合动向分析部分，一是对 2021 年先进制造技术发展战略和技术领域总体发展趋势进行分析研判，二是围绕数字化与智能制造、增材制造、先进工艺 3 个技术领域进行系统归纳；重要专题分析部分，针对 15 个重点问题和热点技术展开深入研究；附录部分，梳理了 2021 年先进制造领域科技发展十大进展、2021 年先进制造领域科技发展大事记、2021 年先进制造领域重要战略文件、2021 年先进制造领域重大项目清单。

受时间、信息来源、研究经验和编写能力所限，错误和疏漏之处在所难免，敬请广大读者批评指正。

编者

2022 年 5 月

目 录

综合动向分析

2021年先进制造领域科技发展综述 …………………………………… 3

2021年数字化与智能制造技术发展综述 ……………………………… 11

2021年增材制造技术发展综述 ………………………………………… 19

2021年先进工艺技术发展综述 ………………………………………… 30

重要专题分析

美国国防部制造技术计划最新成果分析 ……………………………… 41

美国国防领域增材制造战略分析 ……………………………………… 48

美国国防部制造创新机构2021财年运行情况分析 …………………… 55

美国陆军积极推动材料结构功能一体化技术发展 …………………… 63

DARPA"变革性设计"项目分析 ……………………………………… 71

基于模型的系统工程在外军武器装备研制中的应用分析 …………… 77

洛克希德·马丁公司加速推进数字化转型 …………………………… 84

远程操控焊接系统实现人机协同智能化 ……………………………… 92

"前沿领跑者"计划助力美国空军形成金属增材制造能力 ………… 98

大尺寸金属增材制造技术发展动向及影响 …………………………… 104

金属黏结剂喷射增材制造技术值得关注 ……………………… 111
美国密集推进太空增材制造技术研究 ………………………… 117
美国陆军战车铝合金车体制造技术发展分析 ………………… 123
美欧航空复合材料制造持续迈向高效数字生产模式 ………… 133
美国国防系统推动形成世界一流碳化硅衬底制造能力 ……… 141

附录

2021 年先进制造领域科技发展十大事件 …………………… 155
2021 年先进制造领域科技发展大事记 ……………………… 166
2021 年先进制造领域战略政策汇编 ………………………… 177
2021 年先进制造领域重大项目 ……………………………… 179

ZONG HE

DONG XIANG FEN XI

综合动向分析

2021 年先进制造领域科技发展综述

先进制造技术是衡量一个国家工业能力和科技发展水平的重要标志，国防先进制造技术对确保武器系统产品质量、缩短研制生产周期、降低制造维护成本、提高战术技术性能具有重大影响，受到世界军事强国高度重视。2021 年，美、俄等国通过战略布局引领发展，突出重点强化投资等举措，加速推动先进制造技术创新发展与军事应用，值得高度关注。

一、强化战略谋划和技术布局，推进国防制造技术发展

（一）发布增材制造技术战略规划，加强新兴制造技术统筹布局

2021 年，俄罗斯、美国分别从国家、国防部层面对增材制造技术发展进行战略规划和发展布局。

一是俄罗斯发布增材制造发展战略，推动关键增材制造技术发展。2021 年 7 月，俄罗斯政府瞄准"维护国家利益""保持领先地位"等目标，发布《俄罗斯联邦至 2030 年增材制造发展战略》，大力发展增材制造自主技术，着力提升俄罗斯增材制造竞争力。该战略明确了科技发展、生产制

造、行业标准、人力资源、合作、经济效率六个方面的主要任务和具体措施，其中"科技发展"领域重点开发增材制造工艺、材料等关键技术，推动增材制造设备及材料发展，致力于摆脱进口依赖。

二是美国国防部发布首份增材制造战略，明晰国防增材制造技术发展路径。2021年1月，美国在《国防部增材制造战略》中提出了构建敏捷国防供应基础、推动技术普适应用、支持现代化和持续保障的增材制造发展三大愿景，确定了政策制度、业务流程、手段工具、人才发展、数据安全五大方面的战略目标，制定了增材制造技术研发与转移的共享指导原则和框架，旨在为国防部、各军种现代化以及提升作战人员战备水平提供支持。6月，美国国防部发布5000.93指示《增材制造在国防部的使用》，针对增材制造在国防部的实施和应用制定了相关政策、职责职能、编制规程与指南。上述战略文件的发布与实施，形成了美国国防部增材制造技术研发和广泛应用的发展路径，为实现国防部增材制造发展愿景奠定了坚实基础。

（二）持续加大国防制造技术创新投入，支持重点领域发展与军事应用

2021年，美国国防部、军种持续投资制造创新机构，推动轻质材料制造、柔性混合电子制造、集成光子学制造、先进制造机器人等技术发展，支撑高超声速、微电子等重点领域发展。

一是加大高超声速材料与制造投资。开展高超声速碳基复合材料工业基础研究，针对高超声速助推器和热防护系统，开发全自动编织工艺，以降低成本。加强"高超声速先进制造技术中心"建设，旨在建立大规模分类制造空间，验证高超声速生态系统内制造能力的可扩展性，并通过面向制造的设计降低向生产过渡的风险。面向先进制造发起高超声速挑战赛，针对高超声速飞行器材料科学和制造工艺，围绕"建模仿真、集成计算材料工程工具开发""保证生产质量的先进制造方法""高温复合材料及其原料的先进生产方法"三个主题进行项目征集,旨在发展和建立高超声速武器安全可靠的国内供应基础。12月,高温复合材料先进制造主题领域率先决出优胜者,将探究高超声速用射频材料的近净成形制造,解决高超声速飞行器滑翔体、前缘、控制面板和鼻尖部件用高温复合材料及其原料的高效、高质量、高可靠性和低成本制造问题。

二是围绕特定需求投资柔性混合电子制造项目。美国空军研究实验室基于空军2030年科技战略以及飞机低成本传感器系统需求,通过柔性混合电子制造创新机构,开展"用于射频系统的高度集成和紧凑互联的柔性混合电子""基于毫米波有源相控阵列孔径的共性/柔性混合电子"等项目研究。

三是启动新一轮集成光子学制造投资。先进光子学对国家安全至关重要,对高性能微电子的未来发展发挥重要作用。10月,美国国防部开启集成光子学制造创新机构的新一轮7年期投资,计划总投资额为1.65亿美元,旨在推进集成光子学技术和微电子学发展,提升先进光子学制造成熟度,加速推进高性能微电子发展。

四是围绕制造与维护急需投资先进制造机器人技术。10月,美国空军研究实验室通过先进制造机器人创新机构,围绕"面向制造与维护的增强现实""基地级工厂人工智能机器人"两个主题进行应用研究投资,拟采用增强现实、人工智能与机器学习技术,增强制造机器人系统能力,并在华纳·罗宾斯航空后勤综合体进行制造与维护应用验证,提高空军装备设施的敏捷制造和快速维修能力。

二、数字工程推动武器系统数字转型加速,新一代武器系统数字化智能工厂涌现

美国将数字工程作为迎接数字时代、完成数字转型的关键,开展了大

量实践探索，以洛克希德·马丁公司为代表的国防军工巨头完成了四家数字化智能工厂建设，实现了武器系统制造能力升级。

（一）数字工程在武器系统研制、生产中应用渐增

数字工程的核心是在武器系统从方案设计到退役处置全生命周期应用数字模型、数字线索和数据，旨在缩短研制升级周期、改善产品质量、降低采办成本、提高保障效率。2021年，数字工程在美日多种武器系统和作战系统设计、生产与保障中取得应用进展。美国将数字工程用于"陆基战略威慑"洲际弹道导弹系统、高超声速武器、"可选有人战车"、海军综合作战系统等的快速开发，用于F-16生产线重建，以降低生产成本，提高质量。此外，美国空军已授出460亿美元的数字工程合同，将获得数字工程、基于模型的系统工程、敏捷流程、开放系统体系架构等服务；日本防卫省宣布将应用数字工程来提高下一代战斗机F-X的设计、研制、生产与维护的质量和效率。

（二）新一代武器系统智能工厂不断涌现

智能工厂是实现智能制造的重要载体。2021年，洛克希德·马丁公司基于"任务驱动的转型"战略，在美国建设四家数字化智能工厂，以实现美军新一代武器系统高效经济制造。7月，在佛罗里达州建成的"航天器测试、装配、资源中心"接入了"智能工厂框架"网络，整合了增强/虚拟现实工具，扩大了美国国家航空航天局（NASA）"猎户座"航天器的生产规模。8月，在加州棕榈谷建成的"臭鼬"智能柔性工厂接入了"智能工厂框架"网络，融合了先进制造环境和柔性工厂结构，集成了机器人、人工智能和增强现实技术等人工智能制造手段，可用于高密级武器系统生产。10月，在亚拉巴马州新建的"高超声速导弹装配4号建筑"计划于2022年接入"智能工厂框架"网络，集成机器人喷涂、智能扭矩工具、人工智能、增强现实和基于模型的数据应用等技术，为生产环节构建数字线索，将用于常规快速打击、远程高超声速武器和空射快速反应武器生产。11月，在亚拉巴马州新建的联合空对地防区外导弹（JASSM®）总装厂，配备了先进的工厂仿真、增强现实、机器人喷涂等技术，计划于2022年接入"智能工厂框架"网络，将用于为美国空军生产联合空对地防区外导弹。此外，韩国航空航天公司计划在未来5年投资约8800万美元，新建采用人工智能和大数据分析等数字技术的智能工厂，支持新型KF-21"猎鹰"战斗机的生产，实现其部署目标。

三、大尺寸金属增材制造技术创新发展，战场按需制造稳步推进

2021年，增材制造技术在国防领域研究应用更加广泛深入，美、澳等国积极构建战场按需制造能力，在电弧增材制造、增材搅拌摩擦沉积、冷喷涂增材制造、多激光增材制造等大尺寸金属增材制造技术领域取得创新性应用进展。

（一）推进大尺寸金属增材制造技术应用

2021年，大尺寸金属增材制造技术在战车、军舰、战机、高超声速武器等武器系统部件研制与维修保障中取得多项应用进展。1月，法国海军在"埃里丹"级猎雷艇"仙女座"号上安装了迄今世界最大的金属增材制造螺旋桨推进器，该螺旋桨采用熔丝沉积工艺制造，跨距为2.5米，含5个重200千克的叶片，可实现舰船轻量化，提高推进效率。4月，美国国家增材制造创新机构支持洛克希德·马丁公司，研究使用美国陆军投资开发的快速大幅面金属增材制造设备（最大成形尺寸为1米×1米×0.6米，含9个激光器），制造全尺寸、米级超燃冲压发动机流道原型分段。美国陆军资助"无接缝车体制造"项目，选用"梅尔德"（增材搅拌摩擦沉积）技术，研

发可制造战车整体车体的世界最大金属增材制造系统（最大成形尺寸达9.144米×6.096米×3.658米），旨在大幅缩短交付周期，降低生产成本，实现轻量化，并提高战车性能及生存能力。

（二）推进战场按需制造能力构建

2021年，美国、澳大利亚等国通过研发移动式增材制造系统、区块链使能的增材制造技术，在军演现场进行金属增材制造技术测试等举措，加速构建战场按需制造能力。2月，美国国防后勤局资助开发设施齐全的移动式增材制造工厂，集成在约12米长的标准集装箱内，内置军用黏结剂喷射打印机、烧结炉等设备，通过陆、海、空运直接部署在野外，支持战区、灾难救济或其他远征行动零件制造任务。3月，美国空军资助开发由区块链保护的先进增材制造技术，现已开发的移动式3D制造设施集成在6米或12米的集装箱中，配备金属和纤维材料安全增材制造、精加工、成品检验和通信所需的要素和资源，将实现战地和基地按需制造备件。8月，澳大利亚陆军在军演期间，对采用超声速3D沉积工艺的大型战术增材制造设备进行了为期3周的严苛环境极限测试，制造了M113装甲输送车的十多种零件替换件，进一步验证了该技术的战场适用性。

四、先进制造工艺取得多项突破，提升武器系统制造能力

2021年，2纳米芯片制造、热塑性复合材料自动铺丝、战车大型铝合金车体自动化焊接等工艺都取得了突破。

（一）首次实现2纳米芯片制造

5月，美国IBM公司开发出全球首个2纳米芯片制造工艺，首次使用底部介电隔离技术、内部空间干燥工艺、2纳米极紫外光刻技术等，对原有晶

体管技术进行改善，每平方毫米可集成约 3.33 亿个晶体管，晶体管数量是台积电 5 纳米制程的 1.9 倍、三星 5 纳米制程的 2.6 倍；相比 7 纳米芯片，同功率下芯片性能提升 45%，同性能下功耗降低 75%。

（二）热塑性复合材料自动铺丝速率突破每分钟百米

2021 年，美国电子碰撞公司先后利用英国维格斯公司和日本东丽公司的先进热塑性复合材料验证了其创新自动铺放设备性能，单向带的自动铺放速率提升至 101.6 米/分钟。电子碰撞公司通过研制可变光斑尺寸激光加热系统、优化龙门台架系统结构，对现有龙门台架式自动铺丝系统进行了改进，实现了大型热塑性复合材料构件高效成型，为热塑性复合材料在大尺寸航空航天结构中的应用奠定了基础。

（三）战车大型铝合金车体实现机器人自动化焊接

8 月，美国陆军支持 BAE 系统公司开发出自适应高能埋弧焊机器人敏捷制造单元。该单元实现了工艺自动化，已成功用于装甲多用途车辆（AMPV）和 M109A7 自行榴弹炮铝合金车体焊接，可完成 AMPV 车体约 70% 的焊接，焊接时间缩短了 80%，降低了制造风险，提高了焊接质量和战车防护性能。

五、密集布局生物制造技术研究，加强前沿制造能力储备

2021 年，美国国防高级研究计划局（DARPA）启动多项生物制造创新项目，研究"生物开采"技术，强化美国国内稀土供应链；研究利用细菌相互作用在材料表面形成的生物膜，保护军事设施；研究利用原位资源进行地外生物制造，确定太空生物制造可行性。

（一）开展基于生物工程开采稀土的技术研发

7 月，DARPA 启动"环境微生物作为生物工程资源"项目。该项目主

要研究内容包括两方面:"利用稀土元素的生物工程"主要建立生物体和生物分子工程平台,使稀土元素能在特定条件下结合;"稀土元素生物开采"主要研发和测试生物开采工程流程,从原材料中提纯稀土,旨在利用微生物和生物分子工程领域的技术,开发一种可扩展、基于生物的分离与提纯稀土资源的方法,以有效利用国内未开发的稀土资源,填补国防部供应链的关键缺口。

(二)开展利用天然细菌形成生物膜的军事设施防护技术研发

9月,DARPA启动"世外桃源"项目,围绕"微型生态系统内细菌相互作用机制的建模和分析""具有功能性和弹性的生物膜工程化"两个技术重点,以及无人水下航行器减阻、无人机减阻与防腐、燃油箱防腐或抑制发霉四个应用对象开展研究,旨在利用细菌的相互作用在材料表面形成起防护作用的生物膜,来防止军事装备和设备发生腐蚀或表面损伤,减少国防部资产损失。

(三)开展太空生物制造基础创新研究

11月,DARPA启动"生物制造:地外生存、效用和可靠性"项目,开展利用原位资源进行地外生物制造的生物学基础研究,确定太空生物制造的可行性。该项目主要包括三项关键技术:一是确定宿主生物可以消耗的替代原料(如二氧化碳、人类废物和月壤)种类、数量和纯度水平;二是确定可变重力在生物制造中对细胞性能的影响;三是确定可变辐射在生物制造中对细胞性能的影响。此外,该项目还将在复制重力和辐射特性的地面模拟环境下,进行地外环境发酵性能预测能力评估,并利用项目数据开发经济模型,确定太空生物制造的效用。

(中国兵器工业集团第二一〇研究所 苟桂枝)

2021 年数字化与智能制造技术发展综述

数字化与智能制造技术已成为国防制造业高质量发展的主要方向。主要军事强国积极布局数字化与智能制造技术研发，推动国防制造业转型升级。2021 年，数字化与智能制造技术在国防制造领域的发展呈现出以下发展态势：武器装备研制模式开始向基于模型的数字工程转型，数字工程技术及工具在高新装备研制中的应用开始活跃；工业物联网、人工智能、数字化制造等先进技术应用助力武器装备生产制造管控质量；工业机器人系统助力武器装备生产制造提质增效；大型军工企业持续推进智能工厂建设，工厂智能化程度不断提升。

一、数字工程方法在武器装备研发中的应用开始活跃

随着 2018 年美国国防部《数字工程战略》的深入实施，数字工程转型已成为军事强国国防转型升级的重要落脚点。2021 年，美、日等国在高新武器装备研制中应用数字工程方法及工具，以实现武器装备的快速、低成本研发。

（一）利用数字工程方法加速高超声速武器研制速度

2021年8月，雷声公司指出正在使用数字工程加速高超声速武器研制进程。通过建立数字孪生模型或虚拟副本，并利用建模与仿真技术在数字环境中进行高超声速武器虚拟设计与测试，以实现缩短设计周期、节省资源，以及适应快速变化的环境，获得之前无法达到的测试与执行精度。雷声公司正与亚利桑那大学、得克萨斯农机大学、普渡大学、美国空军学院和其他学术机构合作进行高超声速技术的研究和测试，旨在将高超声速技术的发展提高到一个新的水平，应对世界强国挑战。

（二）利用数字工程方法助力美国陆军可选有人战车研发

2021年10月，雷声公司指出将数字工程方法应用于美国陆军"可选有人战车"（OMFV）的研发设计中。OMFV项目由美国莱茵金属车辆公司牵头，成员包括雷声、L3Harris技术、德事隆系统和阿里逊变速箱等公司。项目团队正在利用数字工程方法，构建详细、准确的计算机模型，虚拟制造、测试和分析战车，并将战车连接到数字网络，获取战场数据，根据战车测试及时对设计进行优化。士兵也可以在虚拟环境中操控战车原型并提出反馈意见，然后项目团队根据反馈意见优化设计。OMFV于2021年7月正式进入数字设计阶段，美国陆军计划在2029年开始实际部署OMFV。

（三）利用数字工程方法助力飞机数字化原型机研制

2021年5月，洛克希德·马丁公司表示在某飞机原型机开发中使用了"星驱动"数字工程工具，取得良好实效。通过"星驱动"（Star Drive）工具，对复合材料蒙皮装配进行虚拟仿真，验证工装夹具是否合适，最优化蒙皮安装顺序，首次实现复合材料蒙皮结构与金属部件的全尺寸确定性装配。经验证采用该工具成效显著：金属子系统与复合材料蒙皮一次对孔成功率达100%；紧固件零返工；零质量缺陷；装配速度比之前类似尺寸的组件快70%；总生产周期缩短20%~40%。"星驱动"数字工程工具由洛克希德·马丁公司于2020年开发，集成了先进的计算机辅助设计和产品全生命周期管理工具，可实现系统的快速原型开发和全生命周期支持，既可加快系统设计研发速度，又可以促进在生产制造阶段更广泛地使用机器人、增材制造和自动化质量检测等先进技术。随着该原型机研发工作的完成，洛克希德·马丁公司继续利用"星驱动"工具进行X-59静音超声速飞机的研发工作。

2021年6月，日本防卫省发言人透露，日本下一代战斗机F-X项目将采用数字工程来提高设计、研制、生产和维护的质量和效率。发言人称，数字化转型有可能对国防装备研发、量产和维护的各阶段都产生重大影响。

二、数字化、网络化解决方案助力武器装备生产制造精准管控

（一）基于人工智能技术的生产制造管控解决方案确保满足航空航天领域质量要求

2021年1月，以色列普莱泰恩（Plataine）公司"使用可搜索的数字线索跟踪生产制造过程"解决方案获得美国专利。该解决方案是一种基于软件的方法，使用基于云的人工智能技术创建一个实时的工厂车间数字孪生模型，以跟踪生产环境中所有关键资产的位置、状态和操作（如机器设备、工具、原材料、套件、在制品和零部件等资产），建立完整、实时的连接，全程实时监控，记录每个资产的状态和位置，形成一个全面的、可搜索的数字线索数据库。通过该解决方案，生产经理可以随时了解生产线情况，对生产过程进行优化，以避免将来出现问题。同时，通过数字线索还可实现对产品质量的全面追溯，从而确保航空航天等领域严苛的质量要求。

2021年8月，德国航空航天中心复合结构与自适应系统研究所开发出一种基于人工智能专家系统的飞机机身总装线概念。采用该专家系统，能够筛选出可以独立组装的单个部件、评估记录参数，并利用其"经验"发出装配可行或不可行的信号，每个部件都可以"即插即用"，可有效解决装配公差过大的问题，取消手动补偿工序（如增加垫片等），从而提高生产效率。德国航空航天中心计划将该专家系统全面引入批量生产中。

（二）工业物联网方案提升军工企业生产制造管控能力

2021年3月，BAE系统公司宣布位于肯塔基州路易斯维尔的舰炮制造基地使用了True分析制造解决方案公司的工业物联网软件RevolutionCore™。该软件工具包可直接集成到制造设备中，通过一个全面的Web应用程序，直接从制造设备控制器中获取性能指标数据，自动进行数据分析，使制造工程师能够快速识别并解决问题，进而缩短设备停机时间，提高设备利用率，提高舰炮系统和潜艇部件的加工性能，提高成本效益。

2021年8月，美国PTC公司宣称其工业物联网平台在英国BAE系统公司新建未来工厂中开始部署应用，以协助工程师进行工厂设备互联。通过PTC公司的Thingworx和Kepware软件，可以实时采集、控制工厂现场不同机器人、机器设备、智能工作站的工业数据，操作人员能够通过实时数据屏幕，制定或调整工艺流程规划与决策，管理工厂的物料供应、工艺流程及维修维护等活动。

2021年11月，法国赛峰集团飞机发动机公司的两个生产基地部署了来自法国电信集团的智能跟踪物联网技术，为两个生产基地共计1.5万多个工具安装了跟踪传感器，以及250根天线，通过采集跟踪传感器的数据，利用相应集成软件平台，可远程、实时定位和管理在大批量生产区域中的工具，以尽量减少工具对现场设备的干扰。该解决方案在加速赛峰集团飞机发动机公司生产基地数字化转型的同时，还可用于发动机的监控管理和预测性维护。

（三）数字化制造软件提升空客集团新型飞机设计制造能力

2021年4月，西门子公司表示空客集团正在使用该公司 Plant Simulation 和 HEED 软件进行飞机设计的闭环建模、仿真和优化，以设计重量更轻、功能更强的飞机。利用 Plant Simulation 仿真软件，空客集团可对工厂、生产线和制造单元等进行模拟仿真，以优化物流系统及其工艺流程。利用 HEED 软件，空客公司可自动化分析工作流、最大化利用计算硬件和软件资源、高效探索创新解决方案的设计空间，加速产品开发过程。两种软件集成应用，可有效支持空客集团产品设计制造全过程，加速产品研制生产周期，提高成本效率。

三、工业机器人系统助力武器装备制造生产线提质增效

（一）机器人系统有效保障高超声速导弹防护性能要求

2021年3月，美国 Aerobotix 公司开发出适用于下一代高超声速导弹生产的机器人装配线，主要完成复杂导弹部件的扫描、打磨、喷涂、测量等工作。该装配线中，首先采用高保真结构扫描仪记录每个部件的制造尺寸数据，并根据该数据自动生成部件的打磨路径，由打磨机器人执行打磨作业以实现最佳的涂层附着力；然后由一个防爆喷涂机器人喷涂数十层明特克公司的 FIREX RX–2390 抗烧蚀涂层（精度可达千分之一英寸），机器人使用非接触式测量工具记录湿涂层厚度，以确保涂层在公差范围内，满足对高超声速导弹至关重要的热防护和空气动力学一致性要求，保护其结构免受高超声速飞行的极端温度影响。

（二）远程操控机器人助力舰船高效安全焊接

2021年5月，美国爱迪生焊接研究所在美国海军支持下研发的远程操控焊接原型系统在船厂完成演示验证。该系统允许焊接工人在远程位置操控现场焊接机器人，进行清洁、安全焊接作业。远程操控焊接系统充分利用了数字化、智能化和机器人技术，依托高速局域网或互联网，由经验丰富的焊接工人坐在办公室，透过显示屏实时获取现场焊接位置的状态，并根据现场视频、音频反馈信号来移动触控装置进行远程焊接操作，现场焊接机器人按照工人的动作同步执行焊接操作。该远程操控焊接机器人系统有望颠覆现有焊接模式，有效解决恶劣环境或复杂空间位置焊接难题，可有效解决焊接劳动力短缺问题。除了造船行业外，航空航天、核以及其他重工业等对焊接需求旺盛的行业都可从中获益。

（三）机器人系统提升飞机复合材料部件无损检测效率

2021年6月，英国GKN宇航公司为其德国慕尼黑工厂引进了奥地利Fill公司的柔性多模态机器人系统——ACCUBOT，以提高碳纤维复合材料飞机零部件无损检测的效率和可靠性。ACCUBOT系统包括在高精度线性轴上平行运动的关节机器人、ActiveTool检测头、FillSTUDIO软件系统三大部分，可以分别在三个区域中独立检测产品，也可以在同一区域中联合检测。采用ACCUBOT系统，可执行相控阵超声检测、X射线检测、断层扫描、热成像等多种无损检测技术，可将复合材料零部件质量检测时间由100分钟缩短到30分钟。

（四）机器人系统提升飞机发动机进气道唇口加工质量与效率

2021年6月，美国McStarlite公司成功将库卡机器人与精密抛光工艺相结合，以支持飞机发动机进气道唇口的精密抛光。该库卡机器人抛光系统采用Hypertherm公司的Robotmaster编程软件。编程软件内嵌了多种表面磨削和精加工工艺知识,制造商可以直接从CAD模型快速生成的机器人运动路径轨迹,且不受机器人品牌限制,降低了对使用者经验的要求。利用该机器人抛光系统取代之前的手工抛光,唇口表面质量一致性提高,且所用时间缩短三分之二。

四、大型军工企业智能工厂建设持续稳步推进

(一)洛克希德·马丁公司建设4家数字化工厂

2021年11月,洛克希德·马丁公司宣称本年度在美国本土建设了4家数字化工厂,分别是:位于佛罗里达州泰特斯维尔的航天器测试、装配、资源(STAR)中心;位于加州棕榈谷的"臭鼬工厂"厂区;位于亚拉巴马州考特兰的高超声速导弹制造工厂;位于亚拉巴马州特洛伊市的联合空对地防区外导弹(JASSM®)总装厂。这些数字化工厂均具有如下特点:一是新数字化工厂的关键机器设备均集成进洛克希德·马丁公司于2020年最新开发的智能工厂框架(IFF)中。IFF是一个边缘计算平台,可确保经由不同网络平台的设备实现安全、可扩展、标准化的互联,进而简化生产流程、提高生产运营的敏捷性。二是新数字化工厂均融合了洛克希德·马丁公司的三项先进生产技术设施:智能工厂框架、先进制造环境、灵活的开放式企业架构,使得工业机器人、人工智能、增强现实等技术能够深入应用,提高工人工作效率、加速创新能力。除了这4家新工厂外,洛克希德·马丁公司的其他工厂也正在基于已有基础设施进行数字化转型。未来3年,洛克希德·马丁公司计划投资超过3.3亿美元用于工厂的新设施引入和数字化能力提升。

（二）诺斯罗普·格鲁曼公司着力建设高超声速武器卓越中心

2021年7月，为支持美国军方及其盟友应对不断变化的威胁，美国诺斯罗普·格鲁曼公司目前正在建设高超声速卓越中心。该中心以马里兰州埃尔克顿工厂的数字工程和智能基础设施为基础进行建设，旨在实现高超声速武器从设计开发到生产集成的全生命周期生产。高超声速卓越中心占地约5574米^2，将采用最先进的生产技术并实践开展数字工程，从而提高制造的敏捷性并实现对技术变化或需求变更的快速响应能力，预计将于2023年完工。诺斯罗普·格鲁曼公司计划在该中心采用自动化准备以及无损检测技术，同时还将部署无人搬运车（AGV）以提高生产安全性和可靠性。该中心将实现高超声速武器装备开发效率的提升、可承受性的改善以及交付周期的缩短。

（三）韩国航空航天工业公司着力建设战斗机智能工厂

2021年4月，韩国航空航天工业公司计划在未来五年内投资985亿韩元（约8800万美元），建设一个采用人工智能、大数据分析等新一代信息技术的智能工厂，以支持新型KF-21战斗机的生产。新智能工厂将部分仿照韩国航空航天工业公司的空客A350飞机工厂，后者具有自动化生产线，将A350飞机结构部件的制造时间减少了66%。该智能工厂除了生产KF-21战斗机外，还将用于多个项目。韩国航空航天工业公司还希望借助智能工厂建设经验，为供应商在建立类似流程方面提供技术服务。

（中国兵器工业集团第二一〇研究所　李晓红）

2021 年增材制造技术发展综述

增材制造技术是一种变革性的材料-结构-功能一体化制造技术，具有低成本、短周期、数字化、智能化等优势，备受世界各国高度重视。2021 年，增材制造技术呈现如下发展态势：一是美国国防领域多举措推进增材制造技术发展应用，加速构建按需制造能力；二是增材制造材料与工艺创新不断；三是人工智能等技术赋能增材制造设计与制造能力提升；四是增材制造技术在武器系统应用深入。

一、美国国防领域多举措推进增材制造技术发展应用，加速构建按需制造能力

2021 年，美国国防领域通过发布《国防部增材制造战略》、国防部指示《增材制造在国防部的使用》（具体内容参见"美国国防领域增材制造战略分析"），构建与实施增材制造数字线索，评估增材制造系统网络安全性，大批采购增材制造系统，开发安全移动式增材制造设施（具体内容参见"先进制造领域科技发展综述"）等举措推动增材制造技术创新发展与应用，

加速构建按需制造能力，推进增材制造技术军事应用。

（一）构建增材制造数字线索，加速构建按需制造能力

增材制造数字线索作为按需就地/就近增材制造能力必备数字资产的数据交换中心，为扩展数字资产库提供工具。

增材制造能力被视为海军陆战队在有争议的环境中聚焦先进基地作战和近岸作战的关键。2021年7月，海军陆战队开始创建含审批流程、版本控制、核准零件图纸和增材制造技术数据包等的一站式安全数字存储库，并计划于2024财年开始实施，以使处于任何地方的海军陆战队士兵都可利用该存储库，使用增材制造系统制造所需备件，满足战场和车队因设备老化和备件供应源减少产生的需求。

为获取各种研究、建议和实际生产维修零件的数据集，陆军装备司令部牵头构建增材制造数字线索，旨在将增材制造技术用于陆军维修保障，提升战备能力。2021年8月，美国陆军企业信息系统项目执行办公室后勤现代化计划通过从面向战备的增材制造部件存储库迁移325个数据集，完成了陆军增材制造数字线索构建，并于2021年9月开始实施。后勤现代化计划项目管理办公室将通过与国防后勤局的企业产品数据管理系统——联合增材制造模型交换的自动集成，扩大增材制造数字线索能力。增材制造数字线索供陆军相关授权用户访问使用，包括项目和产品经理、作战能力发展司令部、陆军装备司令部总部及其生命周期管理司令部、建制内工业基础、前线士兵，为提交增材制造备选件、获取增材制造评估状态、提交增材制造技术数据请求、访问3D打印件获批的增材制造技术数据等提供标准流程和途径，支持陆军更广泛使用增材制造技术。

（二）强化国防部增材制造系统网络安全

确保增材制造工作流安全是美国国防部增材制造战略的五大目标之一。

综合动向分析

为确定国防部各部门是否对增材制造系统进行安全保护，防止未经授权的变更，确保设计数据的完整性，美国国防部总监察长办公室对 5 个国防部门的 73 台增材制造设备和 46 台计算机进行了网络安全审查。此次审查，以美国国家标准与技术研究院的相关安全控制为标准，集中审查了操作系统更新、身份认证因素、未经授权的用户账户、漏洞识别、可移动媒介保护、财产责任、物理安全实施等 7 项网络安全控制，并于 2021 年 7 月发布《国防部增材制造系统网络安全审查》报告，提出增材制造系统网络安全强化相关建议。一是将增材制造系统纳入信息技术系统系列中，并根据联邦和国防部指南确立和保持网络安全控制；二是增材制造系统所有者立即识别并实施网络安全控制，将风险降至最低，直到获得运行权限；三是所有增材制造系统按照国防部政策在使用前获得运行权限；四是将所有增材制造计算机操作系统更新至 Windows 10，扫描所有增材制造系统漏洞，对与增材制造系统连接的所有可移动媒介设备进行标记、保护和扫描。

（三）大批采购增材制造设备，推进增材制造技术常态化应用

基于 2021 年美国国防部增材制造战略确定的"在国防部和更广泛的国防工业基础中融入增材制造，同时推进和促进增材制造灵活应用"目标，以及增材制造在高效经济延长飞机等战略、战术资产使用寿命和按需就地快速保障等方面的军事优势，美军开始大批购置增材制造设备，以实现增材制造技术常态化应用。

美国海军于 2021 年 8 月与西川斯塔公司签署 2000 万美元的合同，计划 5 年内采购 25 台 F900 3D 打印机（首批 8 台于 2021 年底交付），并获得与这些打印机相关的初始支持和维护、材料及培训。采购的 3D 打印机计划部署于海军美国本土和日本基地，用于生产最终使用零件、工装和训练辅助器具等，辅助美国海军使用分布式增材制造实践实现全球各基地机队持续保障的目标。

美国海军航空系统司令部（NAVAIR）开始按照桌面聚合物增材制造系统、工业级聚合物制造系统、金属增材制造系统三个层级逐步向舰队部署增材制造系统，构建按需制造能力。2021年11月，NAVAIR授予美国桌面3D打印机与材料经销商为期5年、总价值500万美元的不定期交付/不定数量合同，为美国海军、海军陆战队采购完全可部署的第一级——桌面聚合物增材制造系统，并部署到舰队战备中心、海军航空后勤中队及其远征部队，解决急需。按照合同，首批桌面聚合物增材制造系统（包括Ultimaker S5型3D打印机、工业级丝材、补充信息技术和支持服务、维护策略、现场培训）于2021年底交付，计划到2025年最多部署75套。

二、增材制造材料与工艺创新不断

（一）6061铝合金黏结剂喷射增材制造技术取得突破

金属黏结剂喷射增材制造技术通过材料喷射和烧结工艺相结合来生产致密金属零部件，可实现批量化制造，在制造速度和成本上都具有显著优势。2021年3月，黏结剂喷射增材制造技术领域领先公司ExOne和桌面金属同日宣布突破了6061铝合金黏结剂喷射增材制造，解决了基于黏结剂喷射的间接金属增材制造工艺在烧结后处理过程中容易导致铝合金燃烧的难题。

ExOne与福特公司共同开发了用于6061铝合金的快速可靠黏结剂喷射增材制造和烧结的工艺，该工艺可以制造出致密度达99%的铝合金零件。桌面金属公司与均匀实验室共同宣布推出一种可烧结6061铝粉，用于该公司的黏结剂喷射增材制造。这种新型粉末是一种低成本原材料，可制造全致密的烧结 6061 铝合金零件。与经过类似热处理的 6061 锻造铝相比,该材料的延伸率高出 10%,屈服强度和极限抗拉强度更高。

(二)美国陆军实现高强度镁合金增材制造工艺优化

WE43 是一种轻质高强度抗蠕变铸造镁合金,可在 300℃高温下使用,具有良好的机械性能和优异的耐腐蚀性,但以往难以成功实现增材制造。2021 年 3 月,美国陆军研究实验室(ARL)与中佛罗里达大学合作,通过优化激光粉末床熔融工艺,获得了全致密(致密度>99%)的 WE43 镁合金增材制造构件,并通过改变单元晶格类型、支杆直径和单元晶格数量,研究了 24 种不同微晶格结构的构造、压缩属性和断裂模式。ARL 计划进一步评估 WE43 镁合金在高应变率下的力学性能和弹道性能,并在超轻无人机系统和无人车辆组件中演示验证。该项研究有助于推动武器系统轻量化、减轻士兵负担,提高燃油效率,提升任务效能。

(三)微结构增材制造技术取得重大进展

微型高分辨率聚合物转化陶瓷 3D 打印取得突破。2021 年 5 月,在美国国防高级研究计划局(DARPA)"曲面红外成像仪焦阵列"项目资助下,美国休斯研究实验室在基于投影微立体光刻技术的超高分辨率微型 3D 打印机上,开发了聚合物转化陶瓷 3D 打印工艺,采用低黏度陶瓷前驱体树脂,打印出具有直径小于 10 微米的斜通孔和弯通孔的陶瓷内插件。通孔打印分辨率为 2 微米、纵横比大于 200∶1,突破了集成微电子器件封装的尺寸和分辨率极限。通孔是集成电路绝缘层中允许导电连接的小开口。新技术实现了斜通孔、弯通孔制造,克服了传统半导体加工方法只能制造直通孔的限制,为微电子系统三维集成的复杂电气布线提供多种可能,突破了目前更小、更轻、更节能系统设计受电气布线和封装限制的瓶颈,对于改进红外摄像机和雷达接收机等微电子系统的三维集成,进而在减轻光学器件重量、缩小体积和降低成本的同时，提高军用成像系统的性能方面发挥重要作用。

气溶胶喷射技术用于制造三维微结构。2021年6月，Optomec公司获得使用气溶胶喷射技术制造三维微结构的新专利。该微结构3D打印新技术，利用原位加热或紫外光照射来调整气溶胶液滴喷射到目标表面时的属性，以制造三维结构。在紫外光照射的情况下，紫外光至少可部分固化聚合物液滴，或快速干燥飞行中的纳米颗粒分散液滴，从而提高液滴黏度，促进无支撑三维结构的形成。该专利技术已在聚合物、金属和复合材料等材料中得到验证，可用于制造分辨率为15微米的微型元件，在半导体封装领域具有潜在的应用前景。

推出先进半导体封装生产级增材制造设备。2021年3月，Optomec公司推出突破性的先进电子封装解决方案——气溶胶喷射HD2，以满足移动与可穿戴产品的微型化需求。气溶胶喷射HD2是一个高速精密的自动化平台，可生产高分辨率（迹线宽度10微米、间距20微米，运动分辨率0.1米）电路，具备在裸片、芯片、组件和基板之间分配共性三维互联器件的能力，使得在高频下的性能得到改善，特别是对于5G和毫米波应用。HD2可取代已有几十年历史的引线键合电气元件连接方法，解决引线键合存在的严重缺陷，不仅可缩小最终电子封装的尺寸，而且在处理高频信号时，性能优于引线键合。

三、人工智能等技术赋能增材制造设计与制造能力提升

当前，人工智能与增材制造技术融合发展态势逐步加速。2021年，美、英等国积极探索研究将人工智能与机器学习用于增材制造，一是助力嵌入式多功能大型复杂部件的快速低成本设计、分析和制造；二是加强增材制

造过程监测与控制，提升质量与性能。此外，从光源角度来提升激光金属增材制造质量的技术也取得重要进展。

（一）人工智能与机器学习技术助力增材制造设计制造效率与质量提升

1. 构建数字制造系统，扩展增材制造机器学习软件功能

2021年3月，美国陆军研究实验室与克莱姆森大学、3D系统公司合作开发新技术，一是创建人工智能增强的"数字生命周期平台"，助力生产工程师更快速低成设计、分析和制造具有嵌入式多功能性的大型复杂形状部件；二是开发包括金属、塑料和复合材料的原材料数据库，将其用于训练人工智能并构建潜在的新型原料的数字模型；三是研究原位检测新方法，以及从每层收集的数据实现构建过程可视化的方法，旨在实现未来地面车辆、空中平台和弹药的新3D打印组件的快速开发。

美国Senovl公司的增材制造机器学习软件由美国海军、国防后勤局等支持开发并发展成熟，能够分析任意增材制造工艺、设备和材料数据，目前主要功能包括快速优化增材制造工艺参数、支持增材制造设备和材料资格鉴定、预测材料性能、从原位监测数据中获取信息支持质量保证、最大限度降低数据生成成本。继2020年美国空军、陆军支持采用增材制造机器学习软件开展多激光器增材制造、导弹零件增材制造快速设计和资格鉴定等应用研究后，Senvol公司于2021年又获得美国海军研究局、海军海上系统司令部、海军航空系统司令部空军研究实验室的进一步资助，以扩展其增材制造机器学习软件功能。

2. 强化金属激光增材制造过程监测与控制

2021年，美国空军通过小企业技术转移计划支持开发将现场（实时）监测与基于人工智能的软件相结合的智能系统，以检测激光粉末床熔融增材制造缺陷，并向制造系统提供反馈。智能系统可在增材制造过程中纠正

缺陷，形成一个闭环或自愈系统，使激光粉末床熔融制造缺陷率最多降低 40%。英国多机构合作开展"面向增材制造实验设计的机器学习"项目研究，将机器学习、实验设计与增材制造技术相结合，聚焦金属激光粉末床熔融工艺，重点研究制造高密度、高强度零件所需的关键参数变量。研究团队计划基于已有人工智能嵌入式平台，开发具有底层机器学习算法的软件平台，以使用机器学习模型，实现新型金属合金增材制造工艺参数快速、低成本优化，缩短航空航天部件开发周期。

（二）通过光束整形提升金属激光增材制造构件质量与性能

2021 年 9 月，美国劳伦斯利弗莫尔国家实验室研究采用具有无衍射、自愈合等光学特性的贝塞尔光束替代激光粉末床熔融增材制造中常用的高斯光束，先使激光穿过两个锥形透镜形成圆环形状，再通过附加光学元件和扫描仪在中心光束周围形成"环"，从而对光束进行整形，实现了对熔池动力学的控制，解决了金属增材制造中物理光学和材料工程之间的脱节问题。对采用商用增材制造设备及不锈钢粉末制造立方体零件的过程进行仿真研究，结果表明，与传统高斯光束相比，采用贝塞尔光束可大幅扩展激光扫描参数空间，形成理想的熔池，且不产生"匙孔"现象，金属制件更致密、强度更高且拉伸性能更好。相比其他提高金属增材制件质量的方法，光束整形成本更低，一是其可通过合并简单的光学元件以低成本实现；二是可减少使用高斯光束制造零件所需的后处理。

四、增材制造技术在武器系统应用深入

（一）增材制造用于高超声速武器系统研制

2021 年，美国国家增材制造创新机构通过公开项目、定向项目等途径

支持多项增材制造在高超声速武器研制中的应用研究。4月,国家增材制造创新机构支持3D系统公司、洛克希德·马丁公司,研究使用美国陆军投资开发的含9个激光器、最大成形尺寸为1米×1米×0.6米的快速大幅面金属增材制造设备制造全尺寸、米级超燃冲压发动机流道原型分段,并将优化的增材制造策略发展为数字化设计指南,以提高超燃冲压发动机零部件设计灵活性,减少零件数量,降低制造成本,提高生产效率。10月,在美国空军研究实验室的支持下,国家增材制造创新机构围绕"高超声速应用中增材制造几何管理方法开发"进行定向项目征集,旨在提高美国国内利用增材制造技术生产高超声速武器部件的能力。该项目将通过采用基于模型的方法进行设计创新,改善增材制造组件的几何形状、热管理和可制造性。

(二)增材制造用于军用航空发动机部件维修保障

军用航空发动机金属增材制造部件首获美国空军适航资格。2021年6月,通用电气公司称,已获得美国空军对F110喷气发动机的增材制造油底壳盖工程变更提案的批准。作为"前沿领跑者"计划的最新里程碑,该部件是首个面向金属增材制造设计和生产、并通过美国国防部实体适航鉴定的发动机部件,有助于美国空军建立增材制造金属零部件鉴定路径,为更多军用增材制造部件的适航鉴定奠定坚实的基础,推动金属增材制造技术应用,以提高战备能力、持续保障能力,降低备件供应链风险。2021年11月,"前沿领跑者"计划已进入金属增材制造探路的第3阶段,该阶段面向美国空军需要长周期采购的过时老旧大型零部件增材制造,目前项目团队已采用概念激光公司的M2系列增材制造设备、钴铬合金成功打印了曲柄和横轴臂两个组件。

2021年6月,美国空军保障中心委托Optomec公司开发增材制造工艺,用于 F-15、F-16 战斗机喷气发动机部件维修。新工艺开发基于 Optomec 公司的激光工程化净成形技术，以及其先进的视觉和变形补偿软件、可控气氛处理和批处理自动化等特有能力，重点开发工艺参数和工艺规程，实现由钛基和镍基高温合金制成的涡轮叶片的增材修复，为空军节约大量成本。

（三）增材制造创新用于军舰推进系统及不锈钢组件制造

2021 年，电弧增材制造、粉末床熔融增材制造等技术创新用于军舰推进系统、不锈钢组件制造。1月，法国海军集团采用金属熔丝沉积工艺制造的跨距为 2.5 米、含 5 个重 200 千克叶片的迄今世界最大的金属增材制造螺旋桨推进器，已安装在法国海军"埃里丹"级猎雷艇"仙女座"号上，开始随舰艇执行作战任务。采用电弧增材制造的螺旋桨推进器可提高推力效率、隐身性能，实现轻量化，为舰船提供更大的海上效能。7月，澳大利亚计划研究将大尺寸激光粉末床熔融增材制造技术用于"猎人"级护卫舰不锈钢组件研制，并评估该技术海上应用的潜力。

（四）增材制造用于地面作战平台部件研制与维修保障

2021 年 4 月，美国陆军授予美国应用科学与技术研究组织"无接缝车体增材制造"项目合同，目标是通过对现有增材搅拌摩擦沉积等技术进行升级，克服将适当控制软件与独特金属加工系统、大型龙门架进行集成等技术障碍，开发世界最大的金属增材制造系统。新系统最大成形尺寸达 9.144 米×6.096 米×3.658 米，计划于 2022 年第四季度建成安装在陆军岩岛兵工厂卓越制造中心供陆军使用，以研制具有复杂几何形状的整体车体等军用地面车辆大型零件。该项目将极大地扩展增材制造成形尺寸范围，提高大型军用车辆部件的制造能力，实现战车车体整体成形，进而缩短研制周期，降低生产成本，减轻重量，提高战车性能及战场生存能力，同时提高供应链弹性。6月，美国陆军地面车辆系统中心通过美国国家增材制造创新机构与ALTAIR工程公司、皮卡汀尼兵工厂、BAE系统公司合作，开展自行榴弹炮可变反后坐总成支架、耳轴安装支架的金属增材制造与拓扑优化研究，旨在利用面向增材制造的设计，减轻自行榴弹炮部件的重量，提高性能，降低保障成本。

为在未来战场部署应用超声速3D沉积技术，澳大利亚陆军持续对该技术的战场适用性进行验证和能力评估。继2020年在野战现场进行技术试点验证后，澳大利亚陆军又于2021年8月在军演期间，对采用超声速3D沉积工艺的大型战术增材制造设备进行为期3周的严苛环境极限测试，制造了M113装甲输送车的十多种零件替换件，并进行了现场验证和认证，证明该技术可生产高质量军用零件。

（五）增材制造部件首次用于核反应堆

核电领域需要高质量、高强度的零部件。美国橡树岭国家实验室（ONRL）等核电巨头都在积极研发3D打印技术。ONRL牵头实施的"转型挑战反应堆"（TRC）计划，目标是集成3D打印等先进制造技术、新材料、计算科学等领域的最新研发成果，于2023年建成一座微型反应堆。2021年8月，ONRL称，其制造示范工厂生产的4个3D打印燃料通道紧固件已安装在布朗斯费里核电站。此次投入使用的3D打印部件是首次使用TRC计划先进监测与人工智能技术创建的数字孪生实体部件，也是首次将3D打印部件用于核反应堆中。TRC计划寻求为在核领域使用3D打印、计算建模和人工智能技术奠定基础，减少制造成本和生产时间，提高安全性。该计划的下一个目标是利用直接能量沉积技术建造核反应堆芯。

（中国兵器工业集团第二一〇研究所　苟桂枝）

2021 年先进工艺技术发展综述

2021 年，美欧军事强国积极布局先进制造技术创新发展，开发具有发展潜力和应用前景的前沿技术，将成熟技术引入武器装备实际研制生产过程，在生物与仿生制造、微纳制造、表面工程技术、复合材料构件制造技术等领域取得多项进展，呈现出以下发展态势：生物与仿生制造技术取得突破，开始向武器装备生产转移；微纳制造技术发展迅速，展现良好军事应用前景；表面工程技术研发活跃，提升武器装备制造与维护能力；复合材料构件制造技术不断创新，有助于生产过程降本增效。

一、生物与仿生制造技术取得突破，开始向武器装备生产转移

2021 年，美欧密集开展生物与仿生制造技术研究，探索太空生物制造、合成生物制造等具有国防应用前景的技术领域，部分成果开始向美军高能量密度燃料、激光护目镜、高性能复合材料生产等推广应用。

（一）DARPA 开展多个生物制造项目，部分成果已获得应用

9 月，美国国防高级研究计划局（DARPA）启动"世外桃源"项目，

寻求通过细菌相互作用在材料表面形成生物膜,防止军事系统和设备发生腐蚀或表面损伤。该项目包括"微型生态系统内细菌相互作用机制的建模和分析"和"具有功能性和弹性的生物膜工程化"两个研究重点,开发能够控制细菌的新工具,在生物膜内人为创建微型生态系统等,实现无人水下航行器减阻、无人机减阻与防腐、燃油箱防腐或抑制发霉等应用目标。

11月,DARPA启动"生物制造:地外生存、效用和可靠性"项目,将开展利用原位资源进行地外生物制造的生物学基础创新研究,开展微生物系统如何利用替代原料(如二氧化碳、人类废物流和月壤)实现生长和生产性能,工程生物系统在可变重力、银河宇宙辐射负荷增加等情况下如何发挥作用等研究,并模拟地面环境预测评估地外环境发酵性能,从而确定太空生物制造的可行性。

12月,DARPA披露正在将"生命铸造厂"项目开发的合成生物制造技术向美国陆军、海军和空军实验室的5个研究团队转移。如:海军航空作战中心武器分部将前驱体分子转化为高能量密度燃料、含能材料、耐热聚合物和高性能复合材料;陆军作战能力发展司令部化学生物中心利用生物模板材料开发过滤器、织物等以对抗生化武器制剂;空军研究实验室材料与制造局使用生物衍生分子生产激光护目镜;空军研究实验室航空航天系统局测试利用生物分子开发的军用飞机用燃料;陆军研究实验室使用生物分子开发的黏合剂,有望用于装甲和其他地面车辆结构,以及用于飞机和导弹的高性能复合材料。

(二)美英开发新型生物材料,未来应用前景广阔

6月,美国马萨诸塞大学阿默斯特分校在陆军研究实验室的资助下,开发出一种"可自我维持的智能电子微系统",该微系统由环保生物材料(从地杆菌中提取的蛋白质纳米线)制成的两种新型电子设备——"空气发电

机"和"记忆电阻"组成,可以从环境获取能量,用于传感和计算,而无需外部能源(如电池),并且具有类似于生物体的智能特性。

8月,英国帝国理工学院开发出一种可检测损伤并自修复的"活体材料",研究人员对名为葡萄糖醋杆菌的细菌进行基因工程改造,使其产生荧光3D球状细胞培养物,并为其配备检测损伤的传感器,随后将这种培养物放入细菌纤维素中,经过3天的培养,观察到良好的修复效果,未来有望用于修复飞机机身损伤、挡风玻璃裂缝等,从而延长装备使用寿命,减少维修维护工作。

9月,美国陆军通过"军事环境中的转化合成生物学"项目开发出一种离心式微流控平台,可通过精确控制离心力来控制剪切力,从而实现细胞更精确地分离,未来有望用于加速开发用于生物电子和其他领域的独特材料,以推动射频电子、下一代战车、士兵杀伤力等相关技术发展。

(三)仿生制造技术不断发展,有望大幅提升装备性能

4月,麻省理工学院与美国陆军研究实验室等机构合作,利用静电纺丝技术制备出仿龙虾腹部薄膜结构的水凝胶纳米纤维,制成厚度仅800纳米的薄膜,其抗疲劳性是传统纳米纤维水凝胶的50倍,并模仿构成龙虾腹部薄膜的几丁质薄片,制成9厘米^2、厚度约30~40微米的仿生结构,经过反复拉伸测试,显示出良好的抗撕裂和抗疲劳性能,可用于制造同时具有优良强度和弹性的结构。

11月,荷兰代尔夫特理工大学的研究人员将纳米技术、机器学习技术以及从蜘蛛网中获得的灵感相结合,成功设计出世界上最精确的微芯片传感器,并采用超薄纳米氮化硅陶瓷膜制成传感器原型,经测试,该传感器在微芯片网络之外几乎没有能量损失,并在室温条件下产生了破纪录的孤立振动,未来有望大幅降低构建量子设备的成本,对于量子网络、导航以及探测等领域有重大意义。

二、微纳制造技术发展迅速，展现良好军事应用前景

2021年，微纳制造技术呈现出快速发展的态势，自组装、原子级制造、光电集成、新型超轻纳米结构制造技术等取得进展，在军用光电子器件、作战防护装备等领域具有良好应用前景。

（一）美军开发创新纳米结构制造技术，推动新型光电子器件发展

1月，美国明尼苏达大学双城分校在美国国家科学基金会和空军科学研究局的资助下，利用一种自组装、可调谐的纳米结构制造工艺，实现一步式超材料制备，在电子器件和光学器件中具有广泛应用前景。研究人员利用温度和激光波长来调整其在单个薄膜中储存电荷的能力，有效地创造出一种光提取效率高达99%的可变光子晶体材料，并利用高分辨率电子显微镜证实了该材料的独特结构。

6月，在美国陆军的资助下，康奈尔大学成功采用一种"磁性镊子"拉伸和扭曲共轭聚合物聚乙炔的单个分子，使用新的单分子操作和成像方法，首次观察到共轭聚合物中的单链行为，并测量了由数十万个单体单元组成的共轭聚合物链的实时增长。研究成果有望应用于灵活性和强度更高的柔性电子材料，例如健康监测器和软机器人。

8月，在DARPA和美国空军的资助下，麻省理工学院开展可调谐超表面（具有纳米级结构的图案化平面光学元件）研究，将有源光学器件及电气开关集成在一个硅芯片上，组成一个微型光学平台，并制造出由锗、硒、锑和碲（GSST）组成的新材料薄膜，面积仅约0.5毫米^2，具有大约10万个图案化的纳米级结构。这种可调谐超表面可以显著减少光学镜片的体积，

用于多种光学领域。

12月，在美国陆军研究实验室的资助下，宾夕法尼亚大学与空军研究实验室、布鲁克海文国家实验室等合作，开发出一种制造原子级超晶格或半导体薄膜的新方法，制造出一个由钨和硫（WS2）组成的五个原子厚的超晶格，通过控制超晶格的形状，能够间接控制从它发出的光，未来有望应用于光驱动的集成光子计算机芯片等。

（二）美军开发新型超轻纳米结构，显著提升装备抗冲击性能

8月，在美国海军研究办公室和陆军研究办公室的支持下，美国加州理工学院、麻省理工学院和瑞士联邦理工学院合作，开发出一种由微小的碳支柱制成的纳米结构材料，这种材料比头发丝还细，由相互连接的十四面体组成，不仅非常轻，还可以在被压缩后像海绵一样回弹为原始形状。经测试，在同等重量弹丸轰击下，该材料的抗冲击性能是钢材的2倍以上，比凯夫拉复合材料高70%以上。

三、表面工程技术研发活跃，提升武器装备制造与维护能力

2021年，美欧在表面工程技术的创新研究和应用方面涌现出多项成果，开发新型薄膜与涂层、表面强化工艺，推出自动化表面处理设备，提升武器装备防腐性能，提高武器装备制造与维护能力。

（一）新型薄膜与涂层研究活跃，军事应用潜力受到关注

7月，英国先进材料开发公司获得美国国防部非正规战技术支持局的合同，将开发基于光子晶体超晶格和纳米材料的独特多频分层超材料薄膜和涂层，可以集成到军用防护眼镜中，过滤特定波长的可见光，同时保持其余光谱的透明度，从而防止或减少激光对士兵眼睛的伤害，提升部队的作

战效率。

10月，在美国国家科学基金会和航空航天局的资助下，莱斯大学利用硫硒化合物制成新型防腐涂层，并验证其超强的耐腐蚀性，能够耐海水、生物膜和微生物等腐蚀（抗菌效率达99.99%）。另外，该涂层具有自修复能力，能够在加热至70℃时，恢复原来的涂层外观和防护性能。该成果有望用于基础设施和各种钢制结构防腐。

10月，美国海军公布了一项名为"用于沉积化学转化膜的电解工艺"的专利，该工艺使电流通过转化膜，能够在不到1小时内实现"感应电流"沉积，从而在不牺牲附着力的情况下提升金属基材上转化膜的性能。通过在AA2024-T3铝合金面板上进行测试，能够保持4~6周中性盐雾环境下不产生点蚀。目前，海军还在开发一种手持便携式电沉积设备，用于转化膜的现场维护与维修。

（二）美国开发新型机器人表面处理系统，提升装备表面性能和处理效率

5月，国防部"用于维修活动的民用技术"（CTMA）计划向海军演示验证了旋翼桨叶自动化涂层去除系统。该系统采用机器人激光烧蚀技术，通过逐脉冲闭环控制技术剥离涂层，利用高效微粒空气过滤器收集剥离的重金属等有害物颗粒。去漆过程中，该系统能够扫描桨叶、自主定位，并通过传感器自动识别每个涂层的颜色，确保在底漆暴露后及时停止，实现了H-53直升机复合材料桨叶涂层的安全有效去除，同时保护底漆且避免损坏桨叶。未来该系统有望用于其他空中平台。

10月，VRC金属系统公司在CTMA计划的资助下开发出可用于军工厂的移动式冷喷涂系统。该系统包括两个6米长的模块：第一个模块包含2.3米×2.7米的喷涂房和机器人输送系统、高压冷喷涂系统、集尘装置及户外手持喷头等；第二个模块为可选多功能单元，包含车载柴油发电机、压缩机，以及用于粉末制备和喷嘴干燥的小型实验室区域。其中，机器人输送系统遵循预先编程的路径运行，无需操作人员手动输入程序。

（三）美国国防部多项计划支持研发新型表面强化技术，提升武器装备防腐性能

5月，在CTMA计划的支持下，大气等离子解决方案（APS）公司与诺福克海军造船厂开展等离子喷砂技术演示验证，解决传统技术在舰船螺栓、接缝等狭小空间内去漆效果不佳的问题。研究人员在涂覆有常用海军舰船涂料的多种船用钢板上进行测试，结果表明，与磨料喷砂等去漆方法相比，等离子喷砂技术不仅更快速高效，而且去除涂层下方盐分时可避免磨损金属基材等问题，使新涂层附着时间延长20倍。

9月，橡树岭国家实验室在美国国防部战略环境研究与开发计划的支持下，利用激光干涉结构技术替代传统铝合金防腐涂层化学预处理工艺，有望实现含铬环氧底漆涂层的非化学强化表面制备。研究人员将脉冲纳秒激光主光束分成两束并将它们聚焦在铝合金板样件表面同一点，使其表面变得粗糙并形成了周期性结构，改变了表面化学和亚表面微观结构。通过在军用飞机机翼和机身的环氧底漆上测试，表现出更高的耐腐蚀性。

四、复合材料构件制造技术不断创新，有助于生产过程降本增效

2021年，美欧发达国家大力发展复合材料构件制造技术，研发新型、自动化复合材料成型工艺，提升飞机等武器装备性能，降低生产成本，缩短生产周期。

（一）新型复合材料成型工艺不断涌现，显著降低制造成本和能耗

3月，美国橡树岭国家实验室将增材制造技术与压缩成型技术相结合，实现短纤维增强高性能热塑性复合材料的大规模制造，并通过控制材料微观结构实现降低材料孔隙率和提高零部件结构局部性能。与传统的挤压压缩成型工艺相比，新工艺制备的碳纤维增强的 ABS 树脂基复合材料样件拉伸强度提高 11.15%、拉伸模量提高 35.27%、弯曲强度提高 28.6%、弯曲模量提高 74.3%。

9月，美国柯林斯航空航天公司开发出一种从预制件编织到树脂传递模塑成型的一体化技术。首先利用德国 Herzog 多轴编织机直接编织到专门设计的芯轴上，然后将编织好的预制件装载到树脂传递模塑工具上进行灌注，该技术有助于生产下一代飞机所需的导电管道、形状复杂的管道，以及压力容器和电池外壳等。

11月，英国国家复合材料中心与瑞典 Nexam 化学公司在树脂传递模塑复合材料方面取得重大突破，开发出能够在 400℃下运行的新型树脂系统 NEXIMID（一种新的聚酰亚胺树脂），包括独特的模具设计和高温密封技术，能够在整个注塑过程中将树脂保持在 250℃以上，因此大幅提升了树脂的高温性能和最终复合材料部件在高温环境下的性能，有望用于此前无法使用复合材料的高温耐热组件（如发动机部件、电池外壳等）。

（二）美荷推出热塑性复合材料自动纤维铺放设备，显著提升制造效率

美国电子碰撞公司通过研制可变光斑尺寸激光加热系统、优化龙门台架系统结构等对现有龙门台架式自动铺丝系统进行了改进，实现了大型热塑性复合材料构件高效成型。1月，该公司利用英国维格斯公司的新型热塑性复合材料验证其自动铺放设备性能，单向带的自动铺放速率提升至 101.6 米/分钟；9月该公司又利用日本东丽公司的先进热塑性复合材料验证了设

备性能。

6月，荷兰航空航天中心（NLR）与GKN福克公司、代尔夫特理工大学等合作开展"智能多功能集成热塑性复合材料机身"项目，采用NLR最先进的自动纤维铺放（下半部分原位固化，上半部分通过热压罐固化）技术，充分验证热塑性复合材料和自动纤维铺放技术对于制造飞机蒙皮、加强筋、底梁、机舱、舱门等结构件的通用性，并已完成下机身蒙皮的第二个90°机身段铺设。

（中国兵器工业集团第二一○研究所　李良琦）

ZHONGYAO
ZHUANTI FENXI

重要专题分析

美国国防部制造技术计划最新成果分析

2021年12月，美国国防部研究与工程副部长办公室发布《2021年国防部制造技术计划》报告，概述了国防部制造技术计划的使命与愿景，重点阐述了近两年27个成功项目，展示了该计划在增强美国军事实力和技术优势上的成就。国防部制造技术计划在实现使命目标、推动新兴技术规模化普适性应用、构建关键产品国内供应链、落实国防部相关战略等方面发挥了关键作用，其做法值得借鉴。

一、计划概况

1956年，美国国防部依据《美国法典》制定国防部制造技术计划，旨在开发、应用先进制造技术与工艺，实现国家安全目标。该计划的愿景是建立世界一流、敏捷响应制造能力，在国防系统全寿命周期内经济、快速地满足作战人员需求；使命是降低国防系统开发风险、采办与保障成本，提高全寿命周期的制造和维修能力。该计划由国防部研究与工程副部长监督，国防部长办公厅下属制造技术办公室管理，陆军、海军、空军、国防后勤局、导弹防御局、国防部长办公厅实施的投资计划组成。军种或国防部直属机构制造技术计划按照各自的特定组织流程、授权和程序，遴选并执行项目。

二、成功项目

报告重点介绍了美国军种和国防直属机构制造技术计划在2020—2021年的27个成功项目。

（一）陆军制造技术计划（5个）

一是针对多用途装甲车（AMPV）和M109"帕拉丁"自行榴弹炮系统低风险、高质量焊接需求，验证了焊接机器人自动化制造单元。可完成AMPV车体约70%的重件焊接，焊接时间缩短80%；降低战车制造风险，提高战车防护性能。二是研发新型超强低成本薄膜制造技术，实现规模化，向士兵防护装备转化应用，提高防护性能的同时减轻重量。如集成式头部保护系统可减重20%，节省约8000万美元寿命周期成本。三是开发增材制造与维修工艺，解决了信息管理与保证、设备校准、标准与质量、增材制造知识体系、原材料、构建监控、建模与仿真等问题，为武器系统新部件、难采购部件、受损部件提供有效解决方案，用于M1主战坦克、"阿帕奇"直升机、自行榴弹炮系统维修。与新购备件相比，零部件维修成本降低10%~50%，交付周期缩短50%。四是针对地面车辆、火炮等大口径武器系统部件制造工艺优化，研发并验证数字化制造咨询系统，使得生产周期缩短20%、刀具寿命提高5倍、工具库存量减少40%。五是开发了复杂导弹导引头低成本制造技术，成功实现联合空地导弹系统制造改进，关键导弹导引头组件生产交付周期缩短83%。

（二）海军制造技术计划（4个）

一是通过工艺改进，提高F-35战斗机光电瞄准系统集成式杜瓦冷却组件的可制造性。该组件单位成本降低2.6万美元，F-35项目采购成本降低6200万美元，提升了光电瞄准系统的性能和可靠性。二是采用激光电弧复合焊技术，提高海军平台制造效率，5年预计节省2330万美元。三是验证具有软件可配置性、模块化构件的开放式架构，进行下一代水面搜索雷达设计，预计节省9300万美元。四是利用人工智能和机器学习技术确保"阿利·伯克"级驱逐舰生产物料清单的准确性，将6艘驱逐舰物料清单错误量及相关变更需求量减少50%，预计五年内降低420万美元采购成本。

（三）空军制造技术计划（4个）

一是采用无人战斗机发动机进气道低成本制造新方法，使XQ-58A战斗机发动机进气道制造成本降低57%，高技能劳动耗时减少67%。二是向空军交付4个获得适航资格的金属增材制造零件（F110发动机油底壳盖替换件）。与传统制造相比，该零件交付时间由18个月缩短至3个月，交付周期缩短83%。三是验证世界首个200毫米碳化硅衬底的低成本高质量制造，实现了制造规模化，使碳化硅衬底产量增加2倍，形成世界一流的碳化硅衬底制造能力，为国防部正在研发的雷达和电子战系统提供重要支持。四是以数字工程确保B-52轰炸机发动机备件的全数字化采办，推进空军数字化转型。

（四）国防后勤局制造技术计划（4个）

一是研发水平填充和密封薄膜的军用口粮包装新技术。军用口粮体积缩小30%、重量减轻4%，满足三年保质期、抗虫性、方便运输和空投等要求。该技术已用于军粮43号餐生产。二是与军种合作开发基于模型的企业方法，帮助中小型企业发展基于模型的工程数字线索/数字孪生技术，构建先进的数字化后勤体系，提高作战人员战备能力。三是针对 UH–1Y 直升机燃料电池性能要求，开发了三维增强聚合物增材制造新工艺，用于燃料电池制造，重量减轻 20%、总成本降低 40%，交付周期由数月缩短至数天。四是研发世界首个高容量微波等离子体生产系统，将镍基超合金废料和报废件转化为优质粉末，粉末经提纯后用于制造武器系统零部件，实现关键战略材料的回收利用，减少了对外国的依赖。

（五）导弹防御局制造技术计划（3 个）

一是采用自动化涂覆工艺，提升涂覆质量，大幅缩减了导弹发射车印刷线路组件的生产周期（缩短 90%）和成本。二是研发出多层介质镀膜，利用低应力离子束溅射镀膜，减轻光学系统重量，提高激光系统性能，改善定向能系统波前控制。三是针对导弹防御局集成电路卡组件的制造需求，优化表面贴装技术，在保形涂层涂覆前进行等离子表面处理，显著提高集成电路卡组件质量。

（六）国防部长办公厅制造技术计划（3 个）

一是验证键合和释放制造工艺制造柔性数字 X 射线阵列。与制造商合作建立柔性数字 X 射线阵列美国国内供应链，用于研发步兵用便携式 X 射线探测器。与传统刚性阵列相比，柔性阵列可提高探测器耐用性，缩小尺寸，减重 50%。二是采用增材制造技术实现低成本军用级聚合物梯度折射率透镜原型制造，提升了光学设计灵活性和情景感知能力，重量仅为传统玻璃透镜的 50%。三是通过提高边缘密封能力、应用自动化薄膜切割设备，辅助改进全彩摄像机圆偏振器，实现了提高性能或生存能力、降低成本的目标，建立了国内供应链。

（七）军种/国防部直属机构联合计划（4 个）

国防后勤局与陆军合作 3 个项目。一是验证增材制造技术在联合生物点源探测系统备件制造中的应用。与传统制造相比,增材制造备件成本降低80%~90%,可提高生物综合检测系统和核生化侦察车的战备能力。二是验证增材制造在UH-60"黑鹰"直升机燃油管路90°弯头设计制造中的应用。测试表明,增材制造技术可补充传统供应链,应对供应短缺问题。三是验证基于模型的增材制造设计制造、技术数据包开发在雷达波导中的应用,可解决交付周期长等供应链挑战,增强战备和响应能力。国防部长办公厅与国防后勤局合作1个项目,推出联合增材制造模型交换平台,以在国防部内安全共享增材制造数据文件和模型。该平台由各军种支持开发,归国防后勤局所有,内含600多个3D模型,可通过离线查看器轻松访问,具备在远征环境下检索模型的能力。

三、初步认识

国防部制造技术计划为美军提升武器系统性能、经济可承受性,保持军力优势发挥了重要作用,为推进新兴制造技术规模化普适性应用、构建富有弹性的国防工业基础奠定基础,为实现国防系统数字化转型提供了有力支撑。

(一)聚集成本效益,重在提升国防系统性能、缩短制造周期、降低研制与保障成本

军事能力取决于确保超越对手技术优势的能力。美国以"军力优势"为核心,长期稳定支持国防部制造技术计划实施,提升国防先进制造能力。国防部制造技术计划聚焦具有成本效益的低风险制造技术,实现国防系统研制与保障,通过统一协调,针对武器系统具体需求以及跨领域共性问题,实施制造技术研发与验证项目,有效推动技术创新向工程化开发和工业化应用快速转移，在提升武器系统性能及可靠性的同时，大幅缩短制造周期，节省制造与保障成本。27个成功项目涉及机器人焊接、增材制造、智能制造、电子元器件制造、光学元件制造、表面工程、数字工程等技术领域，在实现士兵防护系统、直升机燃料电池、军用光学系统减重，降低集成式头部防护系统、地面平台、F-35战斗机、"阿利·伯克"级驱逐舰制造与保障成本，延长军用航空发动机等使用寿命，提升军用光电系统态势感知能力与战车防护性能，提高导弹与海军平台研制效率，形成世界一流碳化硅衬底制造能力等方面效益显著。

（二）契合国防部增材制造战略，推动新兴增材制造技术在国防系统研制生产和保障中常态化应用

美国国防部在推进增材制造技术发展方面始终走在世界前列，2021年1月和6月，分别发布《国防部增材制造战略》和《增材制造在国防部的使用》指示，将增材制造列为保持军事优势的战略性技术，进行规划布局和实施应用，推动增材制造在国防系统研制、生产、战场保障中常态化应用。近年来，该计划支持多项增材制造相关项目，在27个成功项目中，8个项目验证了增材制造技术在多种国防系统研制生产和保障中的应用，实现了技术转化。这与国防部增材制造战略确定的"将增材制造集成到国防部和国防工业基础中"的目标高度契合，也为推动国防部实现"利用增材制造构建敏捷、适应性更强的国防工业基础"愿景奠定基础。

（三）响应国防工业基础及供应链弹性建议，建立国防系统关键材料与产品的国内供应源

依照总统行政命令要求，美国国防部2018年9月提交《评估并加强美国制造业和国防工业基础及供应链弹性》报告，提出"加大对紧缺国防工业能力、制造技术研发等的投资"等建议。国防部制造技术计划积极响应这些建议，从 2020 财年开始增加相关领域投资，研发相关先进制造技术，现已建立镍合金材料、柔性数字 X 射线阵列、军用梯度折射率透镜等关键战略材料与光电产品的国内供应源，减少了对外国的依赖。

（四）落实国防部数字工程战略，加速推动国防系统数字转型

2018 年，美国国防部发布《国防部数字工程战略》，提出将线性、以文档为中心的采办流程转变为动态、以数字模型为中心的数字工程生态系统，使美军完成以模型为中心的范式转移。自此，美军推进武器系统发展数字化转型正式驶入快车道。各军种、国防直属机构积极落实数字工程战略，通过制造技术计划开展了多个与数字工程相关的项目，加速推进多型武器系统数字化采办转型。空军通过重新设计全数字化系统，研制安全、柔性开放式平台等，确保 B-52 轰炸机发动机备件的采办数字化。国防后勤局与军种合作，帮助中小企业发展基于模型的工程数字线索/数字孪生技术，已生成 A-10 攻击机基于模型的技术数据包；计划开发基于云、可利用人工智能的可检索查询的数字存储库，以共享不同的合同、工程、质量和供应商数据，实现中小企业访问低成本、基于云的产品全寿命周期管理/数据管理系统，最终确保国防后勤局和军种实现整个国防供应链端到端的数字线索，落实国防部数字工程战略。

（中国兵器工业集团第二一〇研究所　苟桂枝）

（中国兵器工业集团　刘勇）

美国国防领域增材制造战略分析

2021年,美国国防部发布首份综合性《国防部增材制造战略》以及国防部指示5000.93《增材制造在国防部的使用》,明确了增材制造战略愿景、目标及关键技术领域,制定了具体的政策举措和实施规范,将推动增材制造成为美国国防领域广泛应用的主流制造技术,进一步提升美国国防制造能力。

一、美国国防领域增材制造发展现状

美国国防部通过军民协同、成立国防部增材制造技术发展协调小组、制定技术发展路线图等一系列管理举措,推动国防领域增材制造技术发展取得显著成效。目前,增材制造已成为大型军工企业装备研制生产的常态化技术,在武器装备建设中开始发挥实效。

一是实现大型复杂武器装备零部件直接制造,颠覆了传统设计制造模式。美国国家航空航天局马歇尔飞行中心利用增材制造实现复杂火箭发动机喷嘴设计,将由40个喷射单元组成的喷嘴打印成一个整体零件,并且实现了复杂的几何流动形态结构设计；美国航空喷气·洛克达因公司利用增材制造技术将火箭发动机零部件数量由数十个减少到 3 个，发动机设计制造时间从 1 年以上缩减到几个月，制造成本降低约 65%；美国陆军地面战车钛合金电缆防护罩采用电子束增材制造技术实现整体成形，取代之前由 18 件钢件焊接而成的部件，减重 85%。

二是应用于修复受损高价值关键件，提升了武器系统维修保障能力。美国已经成功将激光增材制造技术用于 M1 主战坦克受损涡轮发动机零部件、"洛杉矶"级核潜艇轴封件以及直升机喷气涡轮发动机压缩机排气活塞密封件等关键件的快速低成本维修。例如，M1 主战坦克 AGT1500 发动机高压主轴采用激光增材制造技术进行维修，相比采购新的零部件可少花费 5058 美元，仅需 2500 美元，采购维修时间也从 20 周以上缩短到仅 3 周。

三是实现战场现场按需制造，变革了后勤保障模式。驻日美国海军陆战队第三远征部队开始使用部署在冲绳金瑟营的 Metal X3D 打印系统打印金属零件。美国海军已经将增材制造设备安装在"埃塞克斯"号两栖攻击舰上，用于在舰上制造油箱盖、飞行甲板模型等小型零部件。

四是典型大型军工企业已将增材制造作为常态化技术。通用电气、波音、洛克希德·马丁等大型军工企业已将增材制造作为工厂的主要制造手段，用于研制零件的快速原型制造、大型或复杂工装低成本制造、高价值金属零件直接制造。目前，通用电气公司已实现 LEAP 发动机燃油喷嘴的批量化生产，2020 年产量已超 4 万件；波音目前已建 20 多个 3D 打印中心/工厂，超过 7 万件增材制造零件在各类军民用装备中使用。另外，自 2020 年新冠疫情肆虐以来，这些大型军工企业还将增材制造技术推广应用于防护面罩、护目镜以及其他应急医疗物资的灵活快速批量生产。

二、美国国防部增材制造新战略文件剖析

目前,美国军方已高度认可增材制造技术的既有成效和潜在优势,2021年美国国防部发布的两份顶层战略文件《国防部增材制造战略》《增材制造在国防部的使用》,将进一步推动增材制造由新兴制造技术向主流制造技术发展。

(一) 首份综合性《国防部增材制造战略》加强顶层谋划

2021年1月,国防部发布综合性《国防部增材制造战略》,将增材制造视为实现国防系统创新和现代化、支撑战备保障的强有力工具,系统规划增材制造在美国国防部全供应链以及军内外的发展与应用。

1. 明确增材制造战略地位

首次将增材制造与国防战略改革紧密关联,指出增材制造可"赋能国防战略改革目标,助力美国经济和国防领域继续保持全球主导地位"。具体体现在3个方面。一是推动武器系统现代化,赋能"建设一支更具杀伤力的联合部队"改革目标。增材制造可生产传统制造方式无法实现的复杂零件结构,使武器系统获得更优的性能,可显著缩短新武器系统的生产时间,提高作战人员获得新系统的速度,提升作战能力。二是提高装备战备完好性和快速维修能力,赋能"快速、迭代的能力开发方法可减少成本、技术淘汰和采办风险"和"弹性、敏捷的后勤"改革目标。增材制造可扩大传统供应商基础,有助于降低老旧过时零部件引起的风险;还可扩展到多台设备、多个地点,减少设备停机时间,提高武器系统维护和维修效率。三是增强作战人员的创新和能力,赋能"作战人员融合新能力、适应新作战方式"改革目标。增材制造能够充分发挥作战人员的能力,在战区开发创

新的解决方案,实现战地按需制造。

2. 提出增材制造发展愿景

美国国防部认为,增材制造在整个国防工业基础中的应用不断增长,但仍属新兴技术,具有很大发展潜力。美国国防部在《国防部增材制造战略》中提出了增材制造发展愿景:一是增材制造将促进建立可战胜敌对威胁的更敏捷、适应性更强、更统一的国防工业基础;二是将被广泛应用于武器系统创新设计,提高武器系统可靠性和作战能力,将成为类似机械加工、铸造等被国防部和国防工业基础广泛接受并应用的制造技术;三是加速新型武器系统部署应用,支持国防现代化和持续保障。

3. 确定了增材制造战略目标及其关键发展领域

战略目标涉及政策制度、业务流程、手段工具、人才发展、数据安全五大方向,共17个关键发展领域,具体如表1所列。

表1 《国防部增材制造战略》目标及关键发展领域

战略目标	关键发展领域
战略目标1:将增材制造集成到国防部和国防工业基础中	①制定政策和指导方针,以在最大范围内切实可行地使用增材制造;②修订国防部增材制造实施计划;③制定合适的指标和度量标准;④在国防部合同管理和武器系统采办管理中开发并共享增材制造业务模型;⑤采用合理的风险管理措施
战略目标2:协调国防部和外部合作伙伴的增材制造活动	①跨军种的协作支持和资源共享;②修订联合路线图并进行资源整合;③与联邦政府及外部利益相关者合作
战略目标3:推动和促进增材制造的敏捷应用	①开发并共享新的增材制造资格认证和鉴定方法;②利用先进技术指导设计;③利用数字线索/数字孪生支持增材制造的现场部署和应用
战略目标4:提高增材制造应用熟练程度	①学习流程和最佳实践;②实践零件制造规程;③知识共享

续表

战略目标	关键发展领域
战略目标5：确保增材制造工作流的安全	①保护、控制和管理数据传输和访问；②将增材制造设备直接与安全网络连接；③利用质量保证流程验证零件质量

4. 提出了实施战略的具体举措

一是合作开展增材制造联合行动，通过联合国防制造委员会和增材制造联合工作组与各军种和机构合作，确保军种部门、国防部、国防后勤局和其他部门之间的最高级别的协调；二是根据需要完善或创建增材制造实施/战役计划和路线图，以与增材制造战略保持一致；三是通过启动试点项目来解决运营和业务差距，并与标准开发组织合作，开发和实施通用的增材制造标准；四是实施增材制造政策、指南和培训计划，以确保向全数字化设计过渡；五是支持研究与开发计划，以将人工智能、机器学习、过程监控等先进技术集成到增材制造数字线索和数字制造环境中。

（二）首份面向增材制造的国防部指示推进战略目标实施

围绕落实《国防部增材制造战略》"政策制度"战略目标，2021年6月10日，美国国防部研究与工程副部长办公室发布国防部指示5000.93《增材制造在国防部的使用》，作为首份面向增材制造的顶层政策文件，重点明确了增材制造技术推广应用中国防部各机构的主要职责以及具体实施规范与指南。

1. 明确国防部各机构职责分配

该指示文件围绕增材制造推广应用涉及的研究与工程、采办与保障、数据收集共享、信息安全、人才发展等重要事项，明确了国防部各机构的职责。国防部研究与工程副部长总体负责国防部增材制造政策维护，国防部研究与工程副部长总体负责国防部增材制造政策维护，协调监管合作交流、供应链集成、教育培训、认证鉴定、标准与指标编制等具体工作，并将增材制造纳入数字工程相关政策和指南。采办与保障副部长、国防后勤局局长、国防部首席信息官、各军种部部长、国防部各直属局局长以及有增材制造需求的国防部各外勤机构相关负责人参与，各司其职的同时协调配合，在国防部的联合监督下开展协作，联合推进增材制造发展。

2. 确定具体的实施规程与指南

该指示文件围绕增材制造推广应用中涉及的采办、研究与工程、供应链、数据管理、数据与设备安全、规范与标准、培训与教育以及合作等8个主要流程与要素，详细阐明了增材制造在国防部内实施和应用的规程与指南，系统指导各相关责任部门领导推进面向增材制造的设计、合同要求、数据管理框架、材料与工艺研究、质量鉴定与认证、供应链集成、网络风险评估、标准制定、知识体系构建等工作。

三、几点认识

（一）美国国防领域增材制造战略向体系化、系统性发展

多年来，美国国防部一直是美国增材制造发展的领头羊，通过顶层战略谋划引导增材制造技术发展。美国国防部早在2012年就围绕增材制造牵头组建了美国首个国家级制造创新机构，通过联合政府、工业界、学术界多方力量推动技术发展。2016年，美国国防部与该创新机构联合发布《国防部增材制造联合路线图》，明确国防领域增材制造技术发展方向、重点应用范围以及发展使能要素，为国防部各机构开展高效合作、推动技术应用、提高技术成熟度提供了基础与框架。2021年国防部发布的《国防部增材制

造战略》是基于 2016 年《国防部增材制造联合路线图》初步实施后制定的顶层战略,进一步明确战略愿景、战略重点及具体政策措施,体现了路线图中的诸多发展要素,并对路线图中提出的文化改变、劳动力发展、数据管理、政策改变等使能要素做出更为详细的规划与指导。后续,国防部还会对路线图进行更新,纳入更先进的技术和军方项目信息,并调整研发、采办、后勤和业务流程投资。

(二)美国国防领域增材制造技术向规模化、普适性发展

目前,增材制造技术在材料、工艺、设备等方面不断取得突破,已在美国核、航天、航空、船舶、兵器、电子等领域武器装备复杂零部件研发设计、直接制造、维修保障各阶段获得应用,在降本增效提质方面取得应用实效。2021 年,美国国防部制定的一系列增材制造政策举措,为增材制造技术研发与转移提供了一套共享的指导原则和框架,战略目标进一步明确、政策措施可落地实施、国防部各部门职责清晰、实施规程与指南详实,将加速增材制造从新兴技术向规模化、普适性应用阶段迈进,使其成为类似机械加工、铸造等在国防领域广泛应用的制造技术。

(中国兵器工业集团第二一〇研究所 李晓红)

美国国防部制造创新机构 2021 财年运行情况分析

美国国防部作为国家制造创新网络计划的主导者和引领者，以国防需求为牵引，建立了 9 家制造创新机构。目前，这些创新机构已成为美国制造业发展的重要创新主体。2021 财年，9 家国防部制造创新机构继续保持良好发展势头，总体运行稳中有升，取得良好运行成效。

一、国防部制造创新机构总体运行稳中有升

2021 年 12 月，美国国防部发布《国防部制造创新机构最新进展》报告，展示了 9 家制造创新机构在资金投入、研究项目、会员数量等方面的运行数据（表1）。与 2020 财年相应数据对比可知，创新机构总体运行稳中有升，继续保持良好发展势头。同期，美国政府问责局发布《制造创新网络技术进展及会员满意度》报告，表明创新机构运行也有效推动了新兴技术产业化发展。

表 1 美国国防部制造创新机构总体情况（截至 2021 年 9 月 30 日）

制造创新机构名称	建立时间	会员数量/家	投资金额/亿美元	技术研发项目数量/个	劳动力开发项目数量/个
增材制造创新机构	2012.08	240	4.628	173	125
数字制造创新机构	2014.02	319	3.063	83	17
轻量化制造创新机构	2014.02	134	2.544	85	46
集成光子学制造创新机构	2015.07	60	9.493	80	46
柔性混合电子学制造创新机构	2015.08	105	3.760	198	99
先进功能纤维制造创新机构	2016.04	133	3.658	152	52
先进组织再生制造创新机构	2016.12	172	3.328	45	13
先进机器人制造创新机构	2017.01	323	5.360	63	40
生物工业制造与设计生态系统	2020.10	80	2.753	3	—
合计		1566	38.590	882	438

（一）投资经费持续增加

2021 财年，9 家制造创新机构的投资金额累计达到近 38.59 亿美元。资金投入渠道主要包括国防部初始协议投资和特定项目补充投资两大类。①国防部初始协议投资累计 29.52 亿美元。其中：联邦政府投资 9.55 亿美元，创新机构成本共担 19.97 亿美元。②特定项目补充资金累计 9.07 亿美元。其中：其中联邦政府投资 4.87 亿美元，非联邦机构投入 4.2 亿美元。对两种渠道投资金额进行合并计算可知，联邦政府投资额为 14.42 亿美元，非联邦机构投资额为 24.17 亿美元，相比截至 2020 财年数据分别增长 22% 和 20%。另外，联邦政府与非联邦机构的投资比例为 1∶1.7，超过了联邦政府与非联邦机构的投资比例为 1∶1 的匹配目标要求，说明创新机构在吸引社会投资方面成效良好。

（二）研究项目数量上千

围绕"推进研究与开发，通过与工业界合作，投资与工业应用实际相关的制造技术"使命任务，2021财年，9家制造创新机构共开展了1267个项目，包括制造工艺研究、概念验证、早期系统原型以及制造示范等技术开发类项目882项和劳动力开发类项目385项。相比截至2020财年的865个项目，增加了32%。

（三）会员数量稳步增长

围绕"建立区域制造中心，发展壮大制造生态系统，以对国家制造业产生长期的影响"使命任务，2021财年，9家国防部制造创新机构共吸引会员1566家，与2020财年的1270家会员相比，机构会员数量增长了近20%。目前，制造创新机构会员遍布全美各地，其中：工业界占51%、学术界占19%、大型和小型企业占17%、非营利组织占10%、政府机构占3%。

（四）劳动力培训形式丰富多样

2021财年，围绕"保障劳动力发展，通过开发制造业相关的教育与劳动力发展资源，确保创新技术的有效实施"使命任务，9家国防部制造创新机构共对6.2万多名学生、教师和劳动力进行了科学、技术、工程、数学（STEM）教育和先进制造技能的培训。培训形式呈现多样化特点，如：针对退伍士兵开展的劳动力再就业培训，针对工程师、产品开发人员设置多种教学和沉浸式模块进行专业化培养，针对大学预科生提供学习实验室以进行相关制造课程学习，针对K-12学生提供关于先进制造业和职业发展的信息。

（五）有效推动新兴技术产业化发展

制造创新机构的核心职责是支持创新"死亡谷"阶段的研发，解决制造技术转向工程应用过程中存在的困难，探索一条高效、可持续的发展途径，推动新技术的产业化发展。2021年12月，美国政府问责局发布《制造创新网络技术进展及会员满意度》报告,全面总结了对美国制造创新网络进行的第三期评估情况,评估结果表明,8 个国防部创新机构(2020 年底组建的生物工业制造与设计生态系统未进入统计之列)已经结题的研发项目大部分都将新兴技术的技术成熟度从 3~4 级提升至 6~7 级,即实现在典型生产环境中进行建造原型系统。这一结果表明国防部制造创新机构以产业链的发展为宗旨,夯实了这些技术领域的工业基础,有效推动了新兴技术的产业化发展。

二、制造创新机构项目研究满足国防部多样化需求

2021 年,9 家国防部制造创新机构继续与工业界、学术界、非营利组织等多方合作开展相关技术项目研究,在武器装备先进制造技术研发、支撑国防供应链建设、应对抗疫物资供应链短缺等方面取得诸多创新成果。

(一)开展先进制造技术研发,满足国防领域需求

国防部制造创新机构围绕提升武器装备制造能力、满足国防优先发展事项等方面进行先进制造技术研发项目布局,取得诸多研究成果。

1. 开发移动式自主涂装系统,实现飞机部件高效低成本涂装

先进机器人制造创新机构联合洛克希德·马丁公司、Aerobotix 公司和西南研究院成功演示验证了一个移动式自主涂装系统,能够精确地对大型飞机部件进行涂装,实现首次涂装合格率提高 50%,涂装效率提高 3 倍。该系统涂装效果与专业涂装机器人相当,但通用性更强,适用于多种平台,且设备投资金额仅为专用设备的六分之一,已引起华纳罗宾斯空军后勤中心、海军水下作战中心等 20 余个美国空军、海军维修保障部门的高度关注。

2. 开发轻型高机动多用途轮式车辆刹车盘,实现减重量提性能

轻量化制造创新机构联合美国 Somnio Global 公司研发出新型轻质高机动性多用途轮式车辆(HMMWV)刹车盘。通过优化美国 Somnio Global 公司具有自主知识产权的激光辅助冷喷涂技术,拓宽沉积区域,可实现采用铝合金代替铸铁作为刹车盘基体材料,在刹车盘铝合金基体上涂覆新型耐磨和耐腐蚀铁基涂层。相比于铸铁刹车盘,经优化的刹车盘结构及材料,可有效降低重量并改善磨损性能,提高 HMMWV 的燃料效率、安全性,降低运营成本。建模初步结果表明,此项研究成果可实现刹车盘减重 50%~54%。

3. 创新柔性微控制器制造工艺,提升其在国防领域的适用性

柔性混合电子学制造创新机构与空军研究实验室合作,开发了柔性 Arduino 电子元器件制造工艺。采用超薄柔性塑料基底取代传统的刚性电路板,采用数字印刷技术制备导电线路,然后将超薄硅基微处理器芯片焊接到柔性电路板。与传统封装刚性芯片工艺相比,新工艺的工艺步骤减少三分之二,可大幅节省制造时间和成本,显著减轻最终产品的重量,柔性板重量仅是刚性 Arduino 迷你板重量的三分之一。该项目验证了柔性电子器件在基本嵌入式系统制造中的适用性。目前,该创新机构制造的柔性微控制器已被用于几种国防功能产品的基础电路。

4. 开发大型增材制造技术及装备,满足高超声速武器系统高效低成本研制需求

增材制造创新机构联合工业界开展多项高超声速增材制造技术及设备研究。一是研究联合通用电气公司、航空喷气·洛克达因公司、NASA 等多家单位,演示验证通过改进通用电气公司的 ATLAS LPBF 大型建造平台(1 米 × 0.9 米 × 0.3 米),来制造高超声速液体燃料超燃冲压发动机和火箭系统动力推进系统,大幅减少零部件数量。二是联合洛克希德·马丁公司、3D 系统公司，研究采用美国陆军投资开发的大型金属增材制造设备（最大成形尺寸为 1 米×1 米×0.6 米，含 9 激光器）制造全尺寸、米级超燃冲压发动机流道原型件。

5. 构建军民两用 5G 制造测试平台，提升国防部 5G 应用能力

数字制造创新机构正在建立一个适于军民两用的 5G 制造试验台，以支持国防部提升 5G 技术原型和实验的能力。研究工作将充分利用已部署 5G 应用的制造创新设施，来配合国防部范围的技术优先事项。2019 年，该创新机构已经与美国电话电报公司合作，在机构"未来工厂"创新中心部署 5G 技术、多接入边缘计算（MEC）及其他相关技术，测试制造业相关的 5G 用例，如工业物联网、预测性维护、远程机器监控、混合现实训练等。

（二）开发数字化系统平台，增强国防供应链抗风险能力

数字制造、柔性混合电子学、先进功能纤维、先进组织再生等制造创新机构积极应对国防工业供应链风险，将"建立相关技术与产品的本土供应链、减少对外依赖"作为发展目标之一，部署相关项目研究。其中，数字制造创新机构将"供应链"作为重点投资领域之一，在供应链风险预警、供应链网络安全等方面取得重要突破。

1. 开发数据集成平台，为美国国防部提供供应链风险预警

数字制造创新机构与美国 Software AG 政府解决方案公司合作，基于该公司的 webMethods 数据集成平台，开发出一种快速分析工具，提高国防供应链弹性和敏捷性，为美国国防部提供供应链风险预警框架。通过该工具，可以帮助美国国防部以及主要制造业部门绘制现有供应链图谱，识别漏洞、外国依赖情况、单一来源供应商，并确定可替代或间接供应商；还可通过分析公共数据，确定供应链中未来潜在的中断点，以最大程度降低对生产能力的影响。

2. 开发网络安全仪表板，增强国防供应链网络安全合规性

数字制造创新机构成功开发出"网络安全仪表板"，是对国防部强制执行的 NIST SP800-171、SP800-53 网络安全控制标准、《联邦采办条例国防部补充条例》（DFARS）等国家级网络安全文件的具体实施指南。采用该指南，可帮助企业了解国防部所要求的工程运营安全措施的成本、功能。目前，数字制造创新机构正在扩展该仪表板的功能，并将网络安全成熟度模型认证（CMMC）纳入其中，使制造商能很快了解相关供应链的 CMMC 合规性。

（三）推进医疗物资的灵活快速批量生产，应对抗疫物资供应链短缺问题

在新冠疫情早期，国防部制造创新机构就开始合作，积极应对缓解个人防护装备、医疗检测等方面的供应链缺口问题。后续，依据 2020 年 3 月发布的《新冠病毒援助、救济和经济安全法案》（CARES），美国国防部制造创新机构共投入超 6000 万美元资金开展了 23 个项目研究，涉及支持个人防护装备（PPE）供应、增加疫苗产量和提高治愈率、新型冠状病毒快速检测技术、公共空间环境的消毒等 4 个方面，以缓解相关抗疫物资的供应链短缺问题。

个人防护装备供应方面，通过快速生产合格的 PPE、核酸检测试剂盒，以缓解抗疫关键物资供应链缺口；增加疫苗产量和提高治愈率方面，旨在减轻研究人员和临床医生只可获得有限蛋白质的压力，以满足疫苗快速研发和治疗需求；新冠病毒快速检测技术方面，旨在开发新工艺和新产品，以加速新型冠状病毒检测，提高检测效率；公共空间环境消毒方面，旨在开发快速灭菌消毒的新方法或工具，以应对不确定性的病毒，保障公共环境卫生，使社会更快恢复正常运作。

三、结束语

经过近 10 年的建设运行，美国国防部制造创新机构在组织管理体系、运营评价机制、知识产权管理、联合创新模式等方面已经形成了相对成熟的运行机制，对于加速先进制造技术产业化、推动国防制造生态体系建设方面发挥了重要作用。2021 年底美国政府问责局发布的《制造创新网络技术进展及会员满意度》报告也表明，制造创新机构运行成效已经获得机构会员的广泛认可。为进一步发挥制造创新机构效能，增强国防制造科技创新能力，国防部还将持续推进制造创新网络建设，具体举措值得高度关注：一是进一步强化对制造创新机构的管理，引入联合国防制造委员会作为独立主体对创新机构进行 5 年期评估，重点评估创新机构对国防部任务的支撑能力；二是依据《2022 财年国防授权法》，国防部将与创新机构合作，为颠覆性制造技术发展制定一个能力集成路线图；三是进一步加大对增材制造、生物制造、高超声速武器系统制造等前沿、革命性制造技术的投资力度。

（中国兵器工业集团第二一〇研究所　李晓红）

美国陆军积极推动材料结构功能一体化技术发展

材料结构功能一体化技术是为满足武器系统更高性能需求而发展起来的一种前沿创新技术,基于当前的功能材料、结构材料技术,通过先进结构设计、材料及工艺技术的集成应用,实现武器系统结构性能的大幅提升,是当前国际研究热点。近年来,美国陆军高度重视材料结构功能一体化技术,取得了一系列研究成果,为推动美国陆战装备现代化建设、提升陆军科技水平提供了关键技术储备。

一、发展背景

当前,世界新军事革命深入发展,武器系统轻量化、小型化、模块化、智能化、隐身化、无人化等趋势明显,现有武器装备先进材料、设计、工艺技术难以满足高新武器装备创新发展需求。在此背景下,材料结构功能化一体化技术应运而生。以美国为代表的发达国家几年前就已开展相关项目研究,美国国防高级研究计划局(DARPA)"从原子到产品""功能材料与装置"等项目，通过结构设计、多尺度材料结构控制、制造工艺等集成研究，实现装备结构及功能精确定制，实现颠覆性创新。

目前，材料结构功能一体化技术在国际上还没有统一的定义，总体来说，是基于功能结构化、结构功能化的发展思路，通过结构设计技术、材料技术、制造工艺技术等多学科融合，探索复杂系统结构的综合性能与材质、组元结构、制造工艺等因素之间的相互关联，利用多尺度组元结构设计达成性能、功能、智能、仿生等的精确定制，实现结构设计原理、材料技术、制造技术的融合创新与颠覆性突破，是突破现有材料性能的新途径，是提升结构现有功能、探索新功能的新途径，具有基础性、前瞻性、颠覆性等特点。

美国陆军2015年初发布的《2015—2035陆军科技计划》中的"材料科技研发计划"，提出了"结构+"理念，指出要通过综合考虑结构、材料、功能，来提高先进武器系统性能，使其达到最高水平的防护等级，并规划结构智能集成、纳米工程聚合物、结构能源一体化等相关研发重点，推动材料结构功能一体化技术在美国陆战装备的应用研究。

二、美国陆军材料结构功能一体化技术发展动向

近年来，美国陆军在材料结构功能一体化技术研究方面呈现出较快发展势头，在多尺度材料结构控制、结构智能集成化、仿生结构等方面取得重要突破，为推动新一代陆战装备发展提供了技术保障。

（一）材料多尺度结构控制提升了装备结构性能

武器系统结构性能受材料天然属性限制，通过利用材料多尺度结构设计及控制技术，可对材料结构性能、功能进行有意控制，使得武器系统结

构满足更高应用要求。

通过金属、聚合物装甲材料微结构创新设计，实现军车减重的同时提升防护性能。2019年6月，北卡罗拉纳州立大学在美国陆军支持下，制备出一种以铁、钛、铝或其他合金为基体、向其中嵌入不锈钢或钛空心微球的新型复合金属泡沫。该结构在减重的同时，具有更好的抗枪弹冲击能力，耐热性能是普通金属的2倍，且在屏蔽X射线、伽马射线和中子辐射方面非常有效，意味着采用这种新材料结构可在不增加车辆自重的前提下提高防护能力。2020年9月，美国陆军表示正在研究适用于车辆装甲的新型、高透明度甲基丙烯酸酯基聚合物网络，以支持下一代作战车辆的研发。这一新型材料的抗弹性能可达纯甲基丙烯酸酯聚合物的4倍，刚度、韧性和抗弹性能可定制，且保持高光学清晰度，可适应未来更加严酷的作战条件。

通过碳纳米材料结构优化复合材料性能，赋予装备结构功能。2020年4月，美国陆军研究实验室通过将碳纳米管加入复合材料基体来调控层状聚氨酯脲聚合物的微观结构，进而优化复合材料性能。与传统弹性体材料相比，该材料的耐腐蚀性、导电性更好，重量更轻，有望用于未来军用车辆等装备结构材料的改进。利用该材料的导电特性，还可以通过植入传感器，实时监测装备结构的健康状况，从而安全、准确地评估车辆结构的剩余使用寿命。美国陆军研究实验室与马里兰大学联合，研究从纳米尺度设计新结构，通过将紫外光反应分子与碳纳米管等增强剂结合在一起嵌入到聚合物中，使复合材料在紫外线照射下变得更硬、更强。新型复合材料结构在紫外线照射5分钟后，强度将提高35%、硬度将提高93%。基于该研究成果，研究人员还可研发出具有可控结构阻尼的轻质复合材料结构，从而使低成本高速旋翼概念成为现实。

（二）3D 打印技术提供了材料结构功能一体化的新途径

传统的材料制备和制造技术，难以实现量身定制材料梯度和不同尺度的复杂三维结构。3D 打印技术具有材料、结构、功能一体化的技术优势，在获得零件宏观结构的同时，又能控制微观组织结构，可实现多尺度材料结构一体化制造，实现特定应用的性能和功能。

利用 3D 打印技术实现新型防护结构装甲，提升抗弹防护性能。2019 年 12 月，美国陆军研究实验室与加州大学合作，借鉴鲍鱼壳、鱼鳞等生物结构，通过定向控制微观结构、拓扑优化结构特征等来定制陶瓷装甲功能，以实现预定机械性能，并研制出具有多材料、在线混合能力的直写成型系统，成功制备出碳化硅和碳化硼复合的层状梯度结构，为研究结构功能设计对复合陶瓷装甲弹道性能的影响提供了重要途径。2021 年 7 月，在美国陆军研究实验室支持下，麻省理工学院、加州理工学院和苏黎世联邦理工学院联合，对纳米级结构进行精确图案化设计，采用双光子光刻技术制造出一种新的超轻弹性纳米结构材料，可承受超声速微粒撞击，被美国陆军视为制造轻质装甲、防护涂层及其他抗冲击结构的一种有效途径。

利用 3D 打印技术与结构拓扑优化设计，实现复杂光学结构制造。2020 年 11 月，美国劳伦斯利弗莫尔国家实验室通过主动控制两种不同玻璃成形膏或"墨水"的混合比例定制材料组分梯度，通过多材料 3D 打印技术制造定制梯度折射率玻璃光学元件，可用于军用眼镜和虚拟现实护目镜，也可用于士兵战场用光学设备，实现减轻重量和减小尺寸，提高便携性。2020 年 12 月，美国陆军与特拉华大学合作，采用 3D 打印技术制造出一种用于无线电通信的新型塑料材料梯度折射率透镜，通过在透镜不同位置改变材料特性，精确实现预期电磁特性，可将通信信号导向特定方向。

利用 3D 打印技术为柔性机器人结构制造奠定基础。美国陆军士兵纳米技术研究所通过对复杂磁力驱动装置进行建模和设计,并基于配有电磁喷嘴的 3D 打印系统和注入磁性颗粒的新型油墨,制造出能够爬行、翻滚、跳跃或抓取的磁性结构,可支持陆军柔性机器人等关键研究需求。美国陆军研究实验室联合明尼苏达大学,仿无脊椎动物运动特性,制造出首个完全采用 3D 打印、参数可调(如结构柔性、形态和致动力等)的介电弹性体致动器,较现有同类致动器,弯曲幅度提高 3 倍,为仿生柔性机器人的按需制造奠定了基础。

(三)嵌入传感器等智能元件赋予装备结构智能化新功能

智能结构是近年来智能传感技术、智能致动技术与材料技术集成发展的一个新热点,主要是通过将敏感材料、传感器、致动器以及微处理器等功能器件以某种方式集成到基体材料中,使制成的整体材料结构具有自感知、自诊断、自适应等智能化功能。

自修复/自愈合智能涂层提升装备结构性能。2019 年 4 月,美国陆军联合德州农工大学开发出一种可 3D 打印的可逆交联环氧树脂。在室温条件下,该交联环氧树脂在没有受到任何额外刺激或使用愈合剂的情况下可自愈。这种材料的独特化学性质使其在受到温度刺激时也会变形。美国陆军研究人员正在研究将这种材料用于重构军用平台,使其根据需要改变形状。2020 年 8 月,这两家机构继续合作开发出一种可以在空气和水中自愈合的新材料,这种材料包含刺激响应型聚合物,具有动态键合特征,可以多次从液态转变为固态。自愈材料的动态键合特征能够引入独特的形状记忆行为,利用柔性聚合物链对材料进行微调,实现橡胶的柔软性或承重塑料的强度。这种新型自愈材料将为美国陆军未来垂直起降现代化优先项目提供支持。

智能材料结构赋予装备健康监测、隐身、防护等多种功能。在美国陆军研究实验室资助下，美国克莱姆森大学通过在多层复合材料之间嵌入磁致伸缩材料夹层，制造出可用于感知结构损伤的智能层压复合材料。美国康奈尔大学和意大利技术研究所在美国陆军和空军的资助下，开发了一种称作超弹性发光电容器的新型皮肤材料结构，它由薄橡胶片制成，橡胶片中植入能够单独控制像素的阵列，使其可像章鱼皮肤一样变色。这种皮肤材料结构不仅可以感受压力，而且可以融入周围环境，赋予军用机器人变色能力。

（四）结构仿生技术优化设计并制备新型装备结构

结构仿生技术是一个涉及材料学、化学、物理学、生物学、结构工程等多学科的前沿交叉研究方向，其本质是将仿生理念与材料结构制备技术相结合，优化设计并制备结构功能一体化和功能多样化的新型装备结构。

新型仿生自修复聚合物材料提升装备使用寿命。2020年7月，在美国陆军等的资助下，宾夕法尼亚州立大学与德国马克斯·普朗克智能系统研究所合作，仿照鱿鱼环齿蛋白质结构开发出一种可降解的自修复材料，能够修复由于不断重复运动所造成的材料损伤，延长系统或设备的使用寿命。与现有的自修复材料相比，新材料的自修复时间从24小时缩短至1秒，同时保持了其原有的强度。此外，该材料还具有100%的可生物降解和可回收特性。未来有望用于陆军个人防护装备，或在狭窄空间内移动的柔性机器人等。

仿生复合材料结构有望大幅提高车辆装甲的防护性能。美国普渡大学和加州大学河滨分校根据彩虹色螳螂虾用螯碾碎甲壳类猎物而自身不受损伤的机制，采用3D打印技术制造出具有高抗冲击性能的新型超韧仿生复合材料结构。该项研究有助于开发重量更轻、硬度更高、韧性更强的仿生复合材料，在航空航天、战车装甲等领域具有重要应用潜力。美国麻省理工学院采用 3D 打印技术可精确控制仿海螺壳三层复合材料的内部结构，提高其性能与可靠性，使仿海螺壳复合材料的抗冲击性能分别比块体硬质材料和传统纤维复合材料高 85% 和 70%。这种先进的仿海螺壳抗冲击复合材料有望用于制造性能更佳的装甲防护系统。

三、主要影响

（一）实现武器系统结构轻量化与性能同步提升

减轻结构重量、提升系统性能是武器系统研发人员追求的永恒目标。通过材料结构功能一体化技术，集成应用结构拓扑优化技术、先进材料技术以及 3D 打印技术等先进制造技术，可设计制造以往难以实现的超复杂结构，可实现泡沫金属结构、点阵金属结构、夹层结构、梯度结构、纳米/微米级复合材料结构等多尺度微结构定制，在实现武器系统结构轻量化的同时，进一步提升结构防护、抗弹、隐身等功能。

（二）赋予武器系统结构智能化功能

人工智能、云计算、大数据等新一代信息技术迅速发展为实现武器系统智能化展现出广阔应用前景。通过材料结构功能一体化技术，在武器系统结构设计制造过程中，可植入敏感材料、微传感器、微致动器以及微处理器等智能元件，使其具备自感知、自诊断、自适应等智能化功能，提升武器系统可重构变形能力，能够在结构局部出现损伤时自修复、自愈合，提升武器系统结构的健康监测、环境感知能力，能够进行自我防护、隐身或伪装。

（三）创造仿生物功能的新型武器系统结构

近几年，通过模仿生物系统的原理和特殊功能，建造类似生物体或某部分结构,已成为提升武器系统性能的研究热点之一。通过材料结构功能一体化技术,集成应用仿生结构设计、多材料集成、3D打印等关键技术,将设计制造出大量采用仿生结构设计的新型武器系统或结构,在进一步提升装备性能、延长使用寿命,甚至催生新概念武器系统等方面发挥重要作用。

(中国兵器工业集团第二一〇研究所 李晓红)

DARPA"变革性设计"项目分析

2021年1月,美国国防高级研究计划局(DARPA)宣布由国防科学办公室资助的"变革性设计"(TRADES)项目结束。该项目在数学算法、设计工具方面取得突破性创新成果,将为探索新兴制造工艺技术潜力、发挥材料性能、设计制造现有技术手段无法实现的超复杂结构提供有力技术手段。

一、项目背景

以增材制造为代表的新兴制造技术可大幅突破传统减材、等材制造技术的局限性,极大削弱传统制造方式对产品设计的制约,实现结构设计、高性能材料制备、复杂构件制造的一体化,可为结构设计带来革命性的变化,完全打破面向制造的设计、面向装配的设计等基于减材制造的传统设计方法,按照价值、功能和能量等观点,进行复杂结构正向设计,实现大型/超大型构件或结构系统、复杂/超复杂构件或结构系统、多品种小批量个性化产品的低成本创新设计和快速制造,乃至创造超复杂结构实现特种功能。

但是，现有的设计方法大多基于减材、等材制造思维，在数学算法、模型表征、设计工具等方面还存在很大局限，例如：设计方法复杂、计算效率不高、多物理量联合仿真能力相对较低、仿真精度不高、仿真周期长成本高，设计工具需要在人为辅助或干预下执行计算，无法设计仿真新兴制造技术、新材料应用带来的上千亿个甚至更多的物理细节及其复杂性，导致难以充分发挥新兴制造技术的优势与潜力。

为此，DARPA 于 2016 年启动"变革性设计"项目，目标是推动基础数学算法和计算工具的发展，以更好地管理设计复杂性，使得设计师能够更容易地探索复杂系统设计空间，充分利用增材制造、复合材料成型等新兴制造技术及材料的潜力，实现超复杂结构设计制造，为未来的设计工具和工艺技术发展指明方向。

二、项目内容

"变革性设计"项目研究覆盖复杂系统的整个设计过程，包括材料和零件的多物理学仿真设计、零件间的交互作用仿真，甚至整个产品性能的仿真设计。"变革性设计"为单一阶段项目，研发周期为 48 个月，涉及两个技术领域（TA）。

技术领域 1（TA1）：开发设计技术，旨在探索并开发新的数学算法和计算基础，以改变传统的设计过程。包括 3 项密切关联的研究重点：一是建模，目标是实现各向异性材料（适用于增材制造、复合材料成型等新兴制造技术的材料）的性能表征；二是分析，目标是开发新的数学方法来计算模型的固有属性（如重心、电阻等）、分析物理属性（如结构、空气动力学等),同时将几何模型添加到分析软件时所需的时间和成本最小化;三是综合,目标是开发全新的设计方法,探索产生形状、拓扑结构和材料特性的新方案,使得非专业人员能够快速生成合理可行的设计。

技术领域2(TA2):开发设计测试平台,采用通用或开源开发工具,具有可互操作性,可支持TA1研究团队访问所需的计算资源,执行TA1研究成果的测试。

三、项目成果

项目从2017年正式实施,科罗拉多大学博尔德分校、哥伦比亚大学、Etaphase公司、犹他州立大学、西门子公司、国际计算机科学研究所(ICSI)、帕洛阿尔托研究中心(PARC)7家承担了TA1研究内容,桑迪亚国家实验室和得克萨斯高级计算中心(TACC)2家承担了TA2研究内容,取得了多项重大突破性成果。

(一)开发出机器学习算法,可自动推荐优化设计参数

科罗拉多大学博尔德分校牵头开展相关研究,开发出一种机器学习算法,可向用户自动推荐优化设计参数,避免了人工选取参数带来的反复试错、迭代逼近过程和高昂费用。参数优化过程包括两步:一是元数据学习,将包含类似问题的数据库作为学习数据集,训练优化算法,优选设计参数;二是元数据建模,使用贝叶斯优化方法对特定问题进行优化求解。

(二)开发出机器人仿真库,可加速软体机器人设计仿真

哥伦比亚大学牵头开展相关研究,利用英伟达公司的CUDA架构("统一计算设备架构")开发出多功能机器人仿真库Titan,可利用GPU(图形处理器)硬件,加速软体机器人基元仿真。该仿真库的创新主要有两方面:

一是开发了全新的异步计算模型，可同时进行 CPU 优化控制与 GPU 异步执行，实现快速优化设计，强化学习迭代；二是开发了核心动力学算法，使用并行欧拉积分法迭代更新柔性体结构的动力学参数，可以模拟软体机器人甚至刚性体的所有行为，具有一定程度灵活性。仿真研究表明，相比传统的 CPU 计算，GPU + CPU 计算架构的性能显著提高，每秒可完成多达 3 亿个基元仿真。

（三）开发出多种基于贝叶斯定理的数学算法，可减少仿真数据量、提高模型精度

犹他州立大学牵头开展相关研究。一是提出一种用于时空场高效仿真的贝叶斯非参数自回归算法，以及一种新的多保真数据降维处理算法，可实现以较少的仿真样本数据进行高保真预测。试验验证表明，与当前主流的高斯建模算法相比，在样本数据较少的情况下，新算法的平均绝对误差减小 2~3 个数量级，仿真成本降低 15%~20%。二是提出一种将贪婪算法与非线性自回归算法相结合的统一贝叶斯算法，可以处理复杂保真度模型之间的相关性。试验验证表明，与现行主流算法相比，在用较少数据进行训练后，新算法生成的代理模型的均方根误差减少约 50%，预测精度及稳定性均有提高。三是提出了一种基于高斯过程和狄利克雷过程的非参数贝叶斯形状表征模型，可以灵活地捕获非线性形状变化、发现隐藏的聚类结构，效能与深度神经网络算法相当，但新算法不存在过拟合效应，需要的参数更少、训练过程更容易。

（四）扩展计算机辅助设计（CAD）软件工具功能，可实现超复杂结构高保真设计

西门子美国公司牵头开展相关研究，旨在扩展 NX 软件功能，以便充分利用增材制造优势，设计制造具有数十亿个几何特征的超复杂零件，已

开发出以下新的功能模块。一是设计空间探索和优化模块,用于超复杂系统设计,可与当前主流商业 CAD、CAE 工具集成,能在多个 CPU、工作站进行分布式设计优化,还包括专有的设计空间探索功能,可生成满足或超过性能要求的最佳设计方案。二是多尺度材料建模与仿真模块,将材料工程集成到零件设计中,实现材料宏观结构和微观机械响应牢固耦合,通过放大材料微观结构,识别晶格结构失效的根本原因,研究影响结构性能的损伤机制,最终通过优化材料微观结构获得材料最佳性能。三是晶格结构设计模块,可提供面心、体心、三重周期性最小表面(TPMS)三类晶格结构,再利用"设计空间探索和优化模块"和"多尺度材料建模仿真模块"对晶格设计进行虚拟仿真和试验,可显著提高结构比强度,改善结构完整性、提高疲劳寿命。DARPA 于 2020 年 10 月表示,这些软件模块将用于"无人值守船"(NOMARS)项目中无人舰艇材料与结构的设计优化。

(五)开发出设计测试平台,具有开放、便携、互操作等功能

桑迪亚国家实验室开展相关研究,开发出一个基于高性能计算的开放的便携式设计测试平台——Plato 生态系统,包括引擎、分析器、优化器和建模四个模块,可进行建模、分析、综合领域研究成果的即插即用测试。具有如下功能:一是针对多材料结构拓扑优化提供高效计算框架,可设置通用的体积/质量约束;二是针对不确定性感知结构拓扑优化提供一种通用的高效计算框架,可降低过高计算成本,量化由于设计缺陷造成的固有不确定性;三是提供大规模并行内核过滤器,专用于在多个并行处理器上快速进行结构拓扑优化;四是采用适于综合优化的水平集方法,可在优化过程中提高捕获物理响应的准确性和灵活性,使用户能够在设计零件时探索多种综合优化选项。

四、结束语

DARPA TARDES 项目开发的新算法、设计工具,大幅提升了复杂系统设计仿真能力,可消除现有武器系统设计瓶颈,可探索当前无法企及的新设计概念。借助这些新的设计工具,可以充分发挥以增材制造为代表的新兴制造技术及材料的潜力,大幅提升先进制造技术灵活性,实现材料、结构、功能一体化设计制造,快速研制生产超复杂结构,满足武器装备创新发展需求。

(中国兵器工业集团第二一〇研究所 李晓红)

基于模型的系统工程在外军武器装备研制中的应用分析

基于模型的系统工程（MBSE）作为一种新兴系统工程方法，研究和应用迅速扩展，影响越来越大，已成为美欧军事强国进行国防工业数字化转型的重要抓手，受到政府机构、军工企业的广泛关注，积极进行应用实践。美国国防部 2018 年发布的《数字工程战略》，明确提出要加速实现可在基于模型的数字环境中设计开发、生产制造、维护保障武器系统的全面集成的数字工程能力，把 MBSE 作为系统工程的一个子集，将推动 MBSE 更深入的研究与应用。

一、基于模型的系统工程概述

随着计算机、信息技术及各领域工程技术的快速发展，运用面向对象、图形化、可视化的系统建模语言描述系统变得越来越容易，模型在系统研制工作中所占的应用比重也越来越大，基于模型的系统工程（MBSE）应运而生。2007 年，国际系统工程学会在《系统工程 2020 愿景》中提出 MBSE 的定义："MBSE 是建模方法的形式化、标准化应用，用于支持系统需求、设计、分析、验证与确认等活动，这些活动从系统概念设计阶段开始，持续贯穿系统开发及之后的全生命周期。"

与基于模型的设计、计算机辅助设计等概念不同，MBSE 不专注于解决具体学科设计问题，而是强调面向系统工程过程的建模，将系统需求、系统分析、系统设计、系统验证等过程中涉及的分析要素进行模型化并且形成有机联系，以再现系统论证与设计思路，保持全生命周期系统信息的一致性与可追溯性。

MBSE 方法可有效地解决基于文档的系统工程方法在参数获取及技术状态管理中面临的问题，是有效处理系统复杂性的利器，对于军工装备研发具有积极影响，包括快速应对需求变化、及早进行全系统仿真、实现软硬件和谐开发、提高研制管理能力等，可有效缓解军工装备研制成本上升、进度延迟、研制风险高等关键问题。

MBSE 的工程化应用需要借助一整套的技术支撑环境（建模语言、方法）和系统工具。MBSE 建模语言方面，系统建模语言（SysML）是目前业界应用较多、适用范围较广的一种建模语言，知名的商业化 MBSE 建模工具及平台都支持 SysML 标准；MBSE 建模方法方面，国际系统工程协会开发的 OOSEM、法国泰雷兹公司的 ARCADIA 符合国际最新的系统工程标准，应用范围最广泛；MBSE 系统工具方面，以法国达索系统公司的 Cameo Systems Modeler、美国 IBM 公司的 Rhapsody、法国泰雷兹公司的 Capella 等为代表的系统工具应用较多。

二、外军高度重视 MBSE 发展

为应对新一代武器装备研制面临的新形势和新挑战，美国国防部采取了多种措施解决系统工程过程面临的诸多问题，推动建模与仿真技术、基于模型的系统工程技术在武器装备采办全寿命周期的应用。

（一）国防采办政策法规引导 MBSE 实施

美国国防部从《2009 年武器系统采办改革法》提出要解决武器装备采办中费用增加、进度延迟等问题开始，后续多次修订的《国防采办法令 DoDI 5000.02》《国防采办手册》等国防采办政策性法规、指导文件等，都突出强调系统工程在武器装备采办中的重要性，明确指出建模与仿真技术是整个武器装备不同采办阶段所使用的系统工程工具，以及其在采办不同阶段的功能作用。美国军方从 2012 年开始开发融合 MBSE 和基于模型工程方法的面向装备全生命周期的基于模型的武器系统采办框架。

2018 年，美国国防部发布《数字工程战略》，推动构建以数字模型为中心的数字工程生态系统，明确提出将 MBSE 作为数字工程的一个子集，用以支持需求、设计、分析、验证与确认的系统工程活动。这一战略要求将加速武器系统研制中 MBSE 方法的部署实施。

（二）专门机构为 MBSE 发展提供组织保障

美国国防部系统工程工作一直以来都有专门机构负责，以对武器装备采办系统工程过程进行有效技术管理。2018 年美国国防部科研管理机构改革前，相关工作由负责系统工程的助理国防部部长办公室（ODASD（SE））负责，其积极推动 MBSE 在武器装备采办中的应用实施，启动数字化工程、建模与仿真等与 MBSE 相关的科研项目。

2018 年美国国防部科研管理机构改革之后，美国国防部系统工程工作划归国防部研究与工程副部长办公室（OUSD R&E）下属国防部研究与工程（先期能力）局（DDRE（AC））负责，具体工作由数字工程工作组（DEWG）来完成，主要目标是落实《数字工程战略》，在所有三军机构和其他政府机构中推行数字工程理念，探索传统采办过程向基于数字化模型环境的采办过程转变。

数字化工程工作组主要负责 MBSE 技术管理和政策引导职能，具体的 MBSE 技术研究工作委托美国系统工程研究中心来完成。例如，开展"交互式、以模型为中心的系统工程（IMCSE）"研究项目，通过开发系统工程方法、过程和工具，实现人与模型的紧密交互，促进系统工程加速向基于模型的系统工程转变。2019 年，该中心联合国防工业协会、国际系统工程学会在政府机构、工业界、学术界开展了广泛的 MBSE 应用情况调研，用以评估系统工程数字化转型的成熟度，并于 2020 年 3 月发布调研报告。调研报告表明，航天与国防领域仍是 MBSE 实施的主力军，大型企业的 MBSE 实施经验更加成熟。

三、MBSE 在国外武器系统研制中的应用不断深入

在相关政策制度引导、专门机构推动下，NASA、DARPA 等典型科研机构、海陆军各军种以及军工企业均开展了 MBSE 的试点应用探索与实践，取得了很好的应用成效。近两年，美国国防领域遵循《数字工程战略》的总体思路，借助 MBSE 方法进行装备研制数字化转型，将带动 MBSE 从试点应用向发展成熟阶段过渡。

（一）政府机构开展 MBSE 方法应用探索研究，推动 MBSE 落地实施

NASA 从 1998 年开始探索 MBSE 方法在航天领域的应用，研究出一个称为智能化综合工程设计环境（Intelligent Synthesis Environment，ISE）的集成开发平台，在此平台上可进行航天产品的综合设计、试验和样机制造，实现不同地域、不同学科的设计人员在同一平台下进行产品的协同设计、

仿真及制造。NASA 先进工程环境（AEE）是 NASA 开发的另一个分布式集成开发环境，主要用于支持可重复使用运载器的分析与设计。在这些研究基础上，NASA 开发出基于模型的系统工程基础架构，目前已在约 20 个开发任务的全生命周期中应用 MBSE，显著提升了项目的经济可承受性、缩减开发时间、提升系统整体的质量水平。2021 年 2 月，采用 MBSE 方法设计研发的"毅力"号火星探测器成功着陆，开启它的火星之旅，标志着 MBSE 在火星探测任务中的成功落地，应用的 MBSE 解决方案主要包括：设计文档转化为 SysML 模型；基于模型的复杂行为分析；基于模型自动生成文档，解决一致性问题；评审交付文档自动生成；知识资产复用；定制化模型信息展示。

DARPA 在"自适应车辆制造"项目中深度应用了 MBSE，构建了基于模型的设计、分析、验证平台，建立了组件模型库，提供了模型化零件库、材料库、环境库，支持两栖作战车辆的系统设计，实现基于模型仿真与模拟验证，支持多个层面的工程分析，包括整车性能分析、人机环分析、机动性分析、可制造性分析、采购分析等，形成了全面、集成的系统工程运行环境，提高了系统工程效率，实现了研制效率提升 5 倍的目标。后续，DARPA 将相关研究成果转移至美国国家数字制造创新机构，继续进行深化研究，并向成员单位推广应用。

（二）军工企业利用 MBSE 构建全面集成的全生命周期服务平台，加速数字化转型

2018 年美国国防部《数字工程战略》的实施，将带动 MBSE 从试点应用向发展成熟阶段过渡。采用权威单一真相源模型、构建全面集成的基于模型的数字环境，提供复杂系统设计研发、生产制造、维修保障全生命周期服务，是当前 MBSE 发展重点。近两年，军工企业积极响应

《数字工程战略》，积极投资开发创新的 MBSE 能力，加速装备研制数字化转型。

2020 年，BAE 系统公司提出运用 MBSE 方法，将传统基于文档的"信息孤岛"变革为以产品为中心、集成化的数字化企业。形成的数字化企业建立在基于模型的集成开发或数据环境之上，可支持多学科、多组织的利益相关者，利用产品线参考架构和共享模型库来开发、交付及维护复杂装备。基于这一愿景，BAE 系统公司正在开发一个面向敏捷制造、集成和保障卓越的先进集成数据环境（ADAMS），包括集成化系统架构建模工具、工程设计工具、PLM 系统、ERP 系统、供应链管理系统以及项目管理工具等，允许工程师执行端到端的系统设计、制造、集成、维护活动，将用于美国海军下一代水面舰艇、海军机载系统等装备研发。

诺斯罗普·格鲁曼公司在参与竞标"欧米伽"重型运载火箭开发项目时，利用 MBSE 方法将模型提升为工程信息的核心部分，构建跨学科的数字线索，将这些模型链接起来，提供单一的权威真相源，促进利益相关者之间的交流，增强知识获取和管理复杂性。随后将 MBSE 模型集成到西门子公司三维设计制造软件 Siemens NX 和流程协同配置软件 TeamcenterUA 中，进行主模型的修订与配置管理，获取分析所需的所有关键性能参数，减少错误和返工，加快设计研发速度。通过 MBSE，"欧米伽"项目在配置管理、显示灵活性和问题解决等方面的能力都有所提高。例如：通过采用 MBSE 软件平台，使得变更周期分析和批准时间根据系统复杂性减少 25%~50%。虽然"欧米伽"项目未能竞标成功，但诺斯罗普·格鲁曼公司表示将在其他研发项目中充分利用"欧米伽"研究成果，其中包括基于模型的系统工程应用实践，加速数字化转型。

四、结束语

MBSE 已经成为美国国防数字化转型的重要抓手，政府部门、科研机构、大型军工企业多方发力，研究实践 MBSE 在武器系统研制中更深入的应用。随着武器系统规模不断扩大、复杂程度不断提升，对 MBSE 建模方法、模型数据管理等要求不断提高，以及高性能计算、云平台、人工智能等新兴信息技术的发展，将加持推动 MBSE 在建模手段、模型数据来源、应用范围等方面发展进步。

（中国兵器工业集团第二一〇研究所　李晓红）

洛克希德·马丁公司加速推进数字化转型

为应对更为复杂的国际安全环境,洛克希德·马丁公司提出全新的"任务驱动转型战略",在流程、技术和工具等方面进行颠覆性创新,以实现更快的装备交付能力、敏捷响应能力,有力保障国家安全。该战略重点关注数字工程、下一代软件、先进生产制造、数字赋能、数据作为战略资产5大战略重点,充分体现了数字化手段推动转型的理念,与美国国防部数字化转型战略保持高度一致。2021年,洛克希德·马丁公司加速推进战略实施,围绕5大战略重点均取得了重要进展,代表了国防军工领域数字化转型的先进水平,具有示范意义。

一、数字工程

洛克希德·马丁公司在数字化技术研究应用方面一直处于全球领先地位,数字线索技术已在多型装备中得以应用,开始向基于模型的数字工程转型,数字孪生取得良好的应用实效,数字工程工具开始试点应用。

(一)数字孪生取得良好应用实效

在数字线索发展应用的基础上,洛克希德·马丁公司于2017年提出体现数字孪生内涵的"产品数字世界"概念,同年年底在 F-35 沃斯堡工厂部署了采用数字孪生技术的"智能空间平台",将实际生产数据映射到数字孪生模型中,并与制造执行和规划系统相连,提前规划和调配制造资源,全面优化生产过程。2020 年 10 月,洛克希德·马丁公司开始竞标导弹防御局"下一代拦截器"(NGI6)项目,提出在该项目实施中采用基于模型的数字工程方法,创建相应数字孪生模型作为项目关键资产。2021 年 2 月,洛克希德·马丁公司推出一种可生成飞机结构数字孪生模型的工具——航空通用分析工具集数据管理器(CATDM),旨在以一种互联的、三维可视化模型方式为 F-35 用户快速展示飞机结构完整性数据。该工具汇编了 F-35 的配置数据、分析及其结果,以及不同来源零件的历史文件,包括类型版本有效性、控制点位置、应力分析、现有损坏和修复的照片、检查细节等。与历史方法相比,在向用户交付诸如飞机结构维护计划、飞机跟踪报告等数据的成本可降低 75%。另外,F-35 作战决策者可以直接访问定制版本的 CATDM,提供定制的机队管理解决方案及作战管理策略。

在数字孪生实践的基础上,2021 年 4 月洛克希德·马丁公司推出一个初步的 5 级"数字孪生成熟度模型",旨在使用通用成熟度模型来促进数字孪生应用标准化,加强供应商对这一新技术的理解以及参与使用。5 级成熟度模型由低到高分别为:等级 1:虚拟数字孪生,实现高保真或基于物理的数字孪生模型及仿真;等级 2:利用人工方式实现数字孪生模型与物理实体的同步;等级 3:数字孪生模型与物理实体的同步及验证实现自动化或持续性;等级 4:企业级集成的产品数字孪生;等级 5:构建数字孪生运行生态系统。

(二)开发数字工程工具,开始进行试点应用

基于民用领域的数字工程实践,洛克希德·马丁公司于 2020 年开发出名为"星驱动"（Star Drive）的可应用于国防系统的数字工程工具。该工具集成了先进的计算机辅助设计和产品全生命周期管理工具，可实现系统的快速原型开发和全生命周期支持，既可加快系统设计研发速度，又可以促进在生产制造阶段更广泛地使用机器人、增材制造和自动化质量检测等先进技术。目前，"星驱动"工具已开始在多型预研系统中验证其效能。

2021年5月，洛克希德·马丁公司表示最先在CHARLIE数字化原型机开发中使用了"星驱动"工具，取得良好实效。通过"星驱动"工具，对复合材料蒙皮装配进行虚拟仿真，验证工装夹具是否合适，最优化蒙皮安装顺序，首次实现复合材料蒙皮结构与金属部件的全尺寸确定性装配。经验证，该工具可有效改善蒙皮安装质量与时间：金属子系统与复合材料蒙皮一次对孔成功率达100%；紧固件零返工；零质量缺陷；装配速度比之前类似尺寸的组件快70%；总生产周期缩短20%~40%。

随着CHARLIE原型机研发工作的完成，洛克希德·马丁公司继续利用"星驱动"工具进行X-59静音超声速飞机的研发工作。项目团队与同一数字环境中的供应商合作，共享所有工件的单一数据库，包括计算机辅助设计、系统工程和项目规划数据等，执行精密零部件的全尺寸确定性装配。

二、下一代软件开发

软件工厂建设是洛克希德·马丁公司数字化转型战略的一部分。经过两年多的发展建设，洛克希德·马丁公司的软件工厂开始变革传统软件开发模式，实现软件工具的快速开发及持续性部署，以满足客户的任务要求。

（一）软件工厂建设提升软件开发敏捷性和安全性

洛克希德·马丁公司软件工厂建设实现了长交付周期的"瀑布式"软

件开发模式向迭代、增量式"开发、安全和运维一体化"DevSecOps 方法转变，可以安全、快速交付最重要的功能。采用 DevSecOps 方法，可以将主动、自动化的安全审计以及渗透测试集成到敏捷软件程序开发中。

洛克希德·马丁公司的软件工厂在全公司范围内运营，通过将安全的云计算基础设施与先进的工具、流程、实验室和专家结合在一起，可实现涉密和非涉密软件的快速开发，几天内即可搭建起新的软件开发环境。软件工厂具有如下特点：一是包括可随时部署的开发环境，可以在几天内建立服务器、系统和应用程序；二通过灵活、开放和模块化的架构和软件容器化，使得软件工程师能够快速开发、变更和升级软件，具有更高敏捷性；三是将开发、安全和运营团队与 DevSecOps 方法联系起来，确保从一开始就内置安全性。

（二）软件工厂有力支持武器装备软件平台快速开发

洛克希德·马丁公司软件工厂已经支持了航空、航天、舰船等多种武器装备软件平台的快速开发。

2021 年 5 月，洛克希德·马丁公司与美国空军合作，协助空军生命周期管理中心建立了猛蓝（Rogue Blue）软件工厂，旨在为美国战略司令部开发生产任务规划与指挥控制软件程序。研究团队利用 DevSecOps 方法，在 3 个不同的实验室建立了 12 个软件开发线程，创建了一个基于云的敏捷开发环境，进行战略司令部攻击规划辅助（SPA）2.0 系统的开发和自动化测试，将软件交付时间从 6 个月缩短到 2 周。

2020 年 12 月，洛克希德·马丁公司表示与美国海军合作开始进行"宙斯盾"武器系统的数字化转型，借助 DevSecOps 方法进行软件快速研发就是主要途径之一。借助 SOLUTE 公司基于 DevSecOps 方法的软件开发工具集，整合网络安全信息，收集用户持续反馈，自动化构建软件开发环境，在开发早期增加软件质量保证测试，构建及测试过程可在一夜之间完成。

三、先进生产制造

借助于数字工程技术的发展，洛克希德·马丁公司加速推进工厂车间数字化转型，通过3D打印、工业机器人、增强现实、工业物联网、智能工具等先进技术的部署应用，提升装备制造能力。

2021年11月，洛克希德·马丁公司官网宣称本年度在美国建造了4家数字化工厂，分别是：位于佛罗里达州泰特斯维尔的航天器测试、装配、资源（STAR）中心；位于加州棕榈谷"臭鼬工厂"厂区；位于亚拉巴马州考特兰的高超声速导弹制造工厂；位于亚拉巴马州特洛伊市的联合空对地防区外导弹（JASSM®）总装厂。

新数字化工厂的关键机器设备均集成到了洛克希德·马丁公司于2020年最新开发的智能工厂框架（IFF）中。IFF是一个边缘计算平台，可确保经由不同网络平台的设备实现安全、可扩展、标准化的互联，进而简化生产流程、提高生产运营的敏捷性。例如：STAR中心的30台机器设备以及NASA测试与作业（O&C）设施中的机器设备都连接到IFF，使得两个团队成员能实时访问有价值的数据，监控工作流程、系统和设备，管理生产，提高效率。

新数字化工厂均融合了洛克希德·马丁公司的三项先进生产技术设施：智能工厂框架、先进制造环境、灵活的开放式企业架构，使得工业机器人、人工智能、增强现实等技术能够深入应用，提高工人工作效率、加速创新能力。这些先进能力在引入新工厂之前均已得到应用验证，例如："螺栓连接和机器人自动钻孔系统"（COBRA）用于X-59飞机下机翼蒙皮制造，可完成钻孔、锪孔及质量检测一系列自动化操作，且一次交检合格率超过99.99%；"猎户座"生产线应用增强现实工具，技术人员解释组装指令的时间减少 95%，总培训时间减少 85%，生产率提高 40%。

除了这四个新工厂外，洛克希德·马丁公司的其他工厂也正在基于已有基础设施进行数字化转型。未来三年，洛克希德·马丁公司计划投资超过 3.3 亿美元用于工厂的新设施引入和数字化能力提升。

四、数字赋能

洛克希德·马丁公司在 5G 网络、云平台等方面进行积极投资，为公司数字化转型奠定了基础。

2021 年 10 月，洛克希德·马丁公司与 5G 解决方案提供商是德科技公司宣布合作，基于洛克希德·马丁公司当前使用的军用 5G 测试床，利用是德科技公司灵活、可扩展、全自动的测试、验证和优化工具组合，开发 5G 技术在航天与国防领域更多应用场景的自动化测试用例，评估所有 5G 组件和接口的网络安全和漏洞，提高 5G 解决方案在整个生命周期（从开发到运营）的网络弹性。

2021 年 3 月，洛克希德·马丁公司与 Omnispace 公司签署战略意向协议，达成了共同探索开发基于太空的 5G 网络、重新定义 21 世纪移动通信的共同愿景。双方将通过开发基于 5G 全球标准的非地面网络（NTN），为全球的商业、企业和政府设备提供新型通信能力。这种网络有可能重新定义移动通信，使真正需要移动性的用户无论在任何环境和位置都能实现连接，并可能会颠覆基于太空的移动性，建立第一个真正支持商业和政府任务的多用途 5G 平台。

洛克希德·马丁公司还与创新防御技术（IDT）公司合作开发了"宙斯盾"企业平台即服务（PaaS）能力，以确保"宙斯盾"软件更新可以在最需要的时间和地点交付给美国海军；还正在与美国国防部合作建立一个机密的、基于云的生态系统，在云环境中托管"宙斯盾"武器系统，为远程操作开辟道路。

五、数据作为战略资产

洛克希德·马丁公司正在建设可覆盖全球的基础设施，以即时、安全地共享数据，开展人工智能驱动的预测分析，以提高从工厂到服役的性能。

2021年3月，洛克希德·马丁公司与日本NEC公司签署一项联合合作协议，专注于利用NEC公司的人工智能技术——系统不变分析技术（SIAT）提高复杂系统诊断效率，在整个产品生命周期中提供经过验证的人工智能功能。SIAT分析引擎使用来自物联网传感器的数据以自动检测不一致并给出解决方案。此前，两家公司一直在合作评估SIAT在早期生产测试和运营方案中的有效性。洛克希德·马丁公司已将SIAT集成到其开发的通用人工智能遥测分析技术（T–TAURI）服务中，使得能够在航天器的设计开发、生产和测试阶段主动进行异常检测。洛克希德·马丁公司在肯尼迪航天中心测试"猎户座"期间采用SIAT系统分析大量数据，并与T–TAURI系统集成应用，4小时内用近15万个传感器数据建立并分析了超过220亿个逻辑关系，构建了航天器正常运行的模型，生成的模型可用于监控后续航天器的所有未来测试。

六、结束语

新一代信息技术的快速发展推动国防军工领域沿着数字化、网络化、智能化方向演进升级，以数据为核心驱动要素的新型军事工业体系开始逐步形成。数字化转型已成为国防军工领域顺应时代潮流的首选。洛克希德·马丁公司已取得的数字化转型成效，为后续继续深化转型注入信心与活力，洛克希德·马丁公司计划在未来 5 年内花费约 20 亿美元支持其内部数字化转型，如果结果符合预期，将有助于彻底改变美国航空航天发展模式，也为美国国防部整体数字化转型提供重要借鉴。

（中国兵器工业集团第二一〇研究所　李晓红）

远程操控焊接系统实现人机协同智能化

2021年5月，在美国海军支持下，美国爱迪生焊接研究所研发的远程操控焊接原型系统完成演示验证。该系统允许焊接工人通过人机协同方式，在远程位置操控现场焊接设备，实现清洁、安全的焊接作业，可改变现有焊接作业模式，有效解决恶劣环境和人力难以达到特殊环境的焊接问题，实现复杂空间的智能化柔性化焊接，并可转移运用到其他制造领域。

一、远程操控焊接系统研发概况

当前，许多需要人工焊接的环境条件恶劣、危险程度高，导致愿意从事这一职业的劳动力越来越少，美国本土熟练焊工数量不断减少，焊接工人长期短缺已是常态，据预测，到2024年，美国焊接工人短缺数量达到40万人以上。在造船领域，焊接作为最主要工艺之一，同样存在焊接工人短缺问题，而且基于优化舰船质量与空间需求，舰船有许多焊接区域是工人难以到达的狭窄空间。

为有效解决上述问题，2019年4月，美国海军通过国家造船研究计划资助远程焊接技术研究，由爱迪生焊接研究所牵头，纽波特纽斯船厂、通用动力电船公司、田纳西州机器人技术公司、可视化焊接公司等联合参与，目标是验证适用于远程焊接的数字化智能化技术，开发一套完全由远程焊接工人操控的焊接系统。该研究是美国爱迪生焊接研究所2018年发起的"远程操控系统"技术挑战中的一项子研究，旨在使工人远离操作现场对关键制造过程（如焊接、机加工、远距离检测等）进行远程操控。

远程操控焊接系统研发共投资150余万美元，海军与参研方1∶1成本共担，分为三个阶段：第一阶段为2019—2021年初，开展智能化技术在远程焊接系统的可行性研究；第二阶段为2021—2023年初，研发并优化远程操控焊接原型系统及技术，最终交付船厂实际应用；第三阶段为2023—2024年，主要与商业伙伴合作，进行远程焊接系统的商业化推广。目前本项目处于第二阶段，已经基于履带式焊接车、焊接机器人两种设备开发出远程操控原型系统，并已在爱迪生焊接研究所和船厂进行原型系统的演示验证。

下一步，爱迪生焊接研究所将寻求远程操控系统在远程检测等其他方面的应用。相关研究项目已经在进行中，如研究通过人工无损检测技术、最新流媒体系统等进行远程检测，以进一步降低信息延迟，提高实时响应精度。另外，船厂计划将远程操控焊接系统与小型机器人移动手臂相结合，以增强其便携性和功能性。

二、远程操控焊接系统原理与特点

（一）远程操控焊接系统原理

远程操控焊接系统（图1）集机械制造、自动控制、传动检测、信息处理、人工智能等技术于一体，依托高速局域网或互联网，一位经验丰富的焊接工人坐在办公室，透过显示屏实时获取现场焊接位置的状态，并根据现场视频、音频反馈信号来移动触控装置进行远程焊接操作，现场焊接机械人按照工人的动作执行焊接操作，避免了现场环境对人员可能造成的损害，同时可实现狭小复杂空间下的焊接。

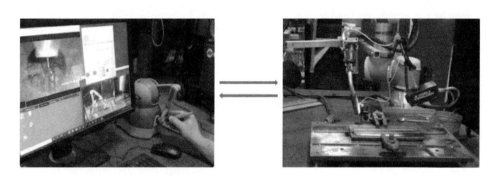

图 1　远程操控焊接原型系统

（二）远程操控焊接系统与焊接机器人区别

焊接机器人是在机器人末轴法兰装接焊钳或焊（割）枪以进行焊接、切割或热喷涂的一种工业机器人，其特点是只能依据人类预先设定的程序，按照要求轨迹及速度移动焊接工具并进行焊接。

远程操控焊接系统是指通过将数控焊接和计算机网络结合，以实现焊接工人对焊接过程的远程实时控制，其特点是人机协同控制，即人通过执行机构（操作器、机器人等）直接控制焊接作业，具有较大柔性。当焊接机器人需要快速做出决策和处理极端情况时，人类实时参与的远程操控系统往往优于智能编程的焊接机器人。

（三）远程操控焊接系统关键技术

远程操控焊接系统集成了图形显示、视觉反馈、传感器信息、焊接质量控制、电源控制和系统通信等功能，是高复杂的系统工程。系统研发要构建焊接实时监控及响应系统，开发相关软硬件及接口，涉及 3 项关键技术。

一是现场视频、音频信号实时采集。目标是使焊接工人要在远离现场的地方通过实时观察焊接熔池、听取电弧声音来判断焊接质量状态，要使工人尽可能多地看到和听到现场信息，如同亲自焊接一样。具体做法为：采用专业弧焊工艺摄像机实时采集焊缝熔池状态，采用麦克风采集电弧声音，并通过流媒体软硬件实时传递给焊接工人，延时不超过 0.5 秒。

二是焊缝及周围环境条件实时数字化扫描。目标是为焊接工人营造与焊接机器人一样的现场环境，使工人和机器人有相同的工作视角，实时提醒工人焊接接头或焊道变化，以便他们可以根据需要调整路线。需要构建现场数字化环境，项目组评估了蓝光立体视觉扫描仪、激光雷达扫描技术等多种商业化方式，均可满足要求，还需研究提高扫描速度。

三是焊接工人动作捕捉及远程机器的实时响应。目标是准确解码焊接工人的动作，并将其转化为现场焊接机器人的动作。研究团队对桌面机器人协同跟随、触控鼠标等多种方式进行评估，优选采用触控鼠标装置方式。触控装置更容易按照人体工学操作，其触觉反馈可帮助工人确定何时在某个方向上加力或者减慢速度，易被焊接工人接受。

三、远程操控焊接系统应用前景

远程操控焊接系统研发充分利用了数字化、智能化技术和机器人技术，可在降低焊接劳动强度的同时，实现复杂空间位置焊接提质降本增效，并具备向其他领域转移应用的潜力。

（一）降低焊接劳动强度，解决焊接劳动力短缺问题

利用该系统，可推动焊接向高科技职业转变，使焊接工人远离烟尘、弧光等危害以及野外、水下等恶劣工作环境，降低焊接劳动强度，显著提升工人的职业健康和安全状况，有经验焊接工人的职业生涯预计可以延长5年以上；另外，由于智能设备的引入降低了对工人的技能要求，上岗培训时间缩短50%以上，为受伤战士等过去无法从事焊接作业的人员扩宽就业渠道；工作地点不受地域限制，可吸引更多的焊接劳动力，从而增加焊接人才储备。

（二）向智能化方向发展，实现复杂空间位置焊接提质降本增效

未来，随着新型数字化、智能化以及机器人技术不断发展，远程操控焊接系统与其交叉互融不断加深，人机协同程度不断增强，实时响应精度和准确度不断提高，实现实时采集现场信号，实时数字化扫描焊缝及周围环境条件，实时捕捉焊接工人动作以及相应远程机器。利用该智能化远程操控焊接技术，工人工作环境显著改善，可代替焊接工人进入狭小复杂空间位置区域完成焊接作业，使工人疲劳程度降低，有效工作时间增长，焊接质量与效率提升，预计可使焊接成本降低60%以上。

（三）向相关领域转移应用，变革当前制造模式

该系统不仅可用于舰船复杂空间位置以及油罐和船底等船舶行业中黑暗危险区域的焊接，还可用于航空航天、核、兵器、重工业等对焊接需求旺盛的行业领域。如，太空站和太空基地的建设、核电设备的检修以及海洋工程的水下施工和维修等，此类工作通常由于距离遥远、辐射或海水压力等因素，操作者不适合在现场焊接，远程操控焊接系统可代替人工进行此类极限环境下的维修工作。随着船舶行业、核工业和航天事业飞速发展，开发可替代人类进行远程焊接的焊接系统成为必然的趋势。此外，相关技

术途径有潜力向等离子体切割、打磨、喷涂等存在职业健康危害的其他制造工艺转移，变革当前制造模式，解决美国制造业劳动力短缺问题。

四、结束语

武器装备结构日益复杂，催生人机协同远程操控制造技术新型解决方案。远程操控焊接系统作为其中第一项应用实例，为焊接工人营造了清洁、安全的工作环境，降低了焊接劳动强度，并解决了复杂空间位置焊接难题。远程操控焊接系统一方面利用了人的经验，一方面避免了焊接作业对人的危害，相比完全依靠人的手工焊接和完全依靠机器的智能焊接，具有更加灵活、柔性和可靠等优点。人机协同的远程操控焊接技术是当前焊接技术智能化发展的有效途径，未来将继续向相关制造领域转移，扩大应用范围。

（中国兵器工业集团第二一〇研究所　宋韦哲　高彬彬）

"前沿领跑者"计划助力美国空军形成金属增材制造能力

2021年11月，美国空军和通用电气航空公司（GE航空公司）宣布其合作开展的"前沿领跑者"计划已进入第三阶段。该计划是空军降低战备完好性风险和展示增材制造在航空领域应用的一项重要举措，利用增材制造（3D打印）生产出飞行器的发动机部件、并获得国防部适航鉴定的能力，是空军在推动增材制造技术发展方面迈出的重要一步。通过该计划，GE航空公司将助力美国空军建立成建制的、符合适航要求的金属增材制造能力。

一、基本情况

美国空军飞行器的平均寿命超过28年，由于过时淘汰、制造成本高和数量要求低等原因，老旧飞行器的关键零件经常会停产，仅在2017年第一季度，空军就有10000份关键零件的生产招标因此而流标。GE公司10年来通过收购增材制造设备制造商以及技术服务商，构建了完整的增材研发、设备供应和生产服务体系，2019年，两者在推进老旧飞行器零件增材制造方面达成了合作共识。

2020年3月，空军与GE航空公司合作启动了"前沿领跑者"计划，计划由空军快速持续保障办公室和空军寿命周期管理中心推进部领导，空军研究实验室提供技术支持，并支撑增材制造零件的材料加工控制与质量标准开发工作。该计划旨在充分利用GE航空公司大举进军增材制造产业10年来积累的金属增材工程和制造专业知识，利用增材制造能力应对老旧飞行器备件难以采购和过时淘汰的问题。美国空军参谋长要求空军"加速变革，否则失败"，该计划正是围绕加速变革的理念而设立的。

二、该计划前期已取得的重大进展

该计划前两个阶段共投入370万美元，分别增材制造了一个简单的部件和更复杂的部件，并获得了空军适航鉴定。GE航空公司对商用航空发动机增材制造金属部件适航性的深入了解，帮助空军建立了自己的军用适航性工艺确认和认证流程。

（一）通过军用适航鉴定的首个发动机部件

"前沿领跑者"计划第一阶段的目标是开发GE F110发动机的增材制造油箱底壳盖（图1），并通过空军认证。2020年5月，该计划达到了首个里程碑，仅用3个月就交付了增材制造的底壳盖，比传统制造工艺18个月的周期缩短了83%。

2021年2月，该计划达到了重大里程碑，增材制造的底壳盖的工程变更提案获得空军批准，这是第一个使用金属增材制造设计生产并通过国防部机构适航鉴定的发动机部件，整个鉴定过程不到1年。GE航空公司开发的GE90发动机T25传感器是美国国家航空航天局（NASA）认证的首个商用航空金属增材制造部件。该部件的研制和适航性批准的执行速度也是"加速变革"的有力证明。

图 1 F110 发动机油箱底壳盖 3D 打印件

该计划第二阶段研究了更复杂和更大型的承力结构，重点是为已服役 40 多年的 TF34 发动机增材制造已停产的油箱底壳盖罩，也已顺利结束。这为 GE 航空公司更多的军用增材制造部件的适航鉴定奠定了坚实的基础。

（二）利用螺旋式开发和数字工程方法取得成功

在前两个阶段，空军和 GE 航空公司联合团队从相对简单的零件开始，摸索了增材制造认证的路线图和流程指南。两者通过密切合作和知识共享增强了空军的螺旋式开发模式，即不断识别、逆向工程和通过数字工程开发技术数据包，以用于金属增材制造中日益复杂和尺寸更大的零件。特别是在开发鉴定流程和加快设计迭代方面，该计划形成了一种高效、结构化、可复制的工作方式，使该计划朝空军实现更广泛的持续保障和战备完好性战略目标快速前进。

数字化是该计划的实际推动者。在该计划中，GE 航空公司还专注于数字孪生、基于预测性分析的维护和部件生命周期管理专业知识,这能够为美国空军的数字工程推进和内部知识提供补充。增材制造是一种强大的数字化技术,涵盖从设计和建模到原位监测、再到检测和最终质量水平保证的整个过程,从顶层视角添加数字孪生和预测性分析为空军保障工作带来了新的视野,如部署现场的飞行器系统管理、诊断和维修。

三、该计划未来将助力美国空军解决发动机持续保障难题

该计划的第三阶段将着力解决空军持续保障中的"冷启动"问题。"冷启动"的飞行器发动机部件是指需要超过 300 天才能采购到的部件,据空军估计,每年有超过 800 台发动机要"冷启动"。要解决这一难题,必须扩展可用于增材制造的零部件种类,加快空军的适航鉴定流程,并且在空军内部建立成建制的增材制造能力。

(一) 后续工作将大大扩展增材制造应用范围

飞行器中有许多零件是金属增材制造的理想候选者。空军推进局已投资了 1000 万美元,为该计划的后续阶段提供资金,以利用国防后勤局的"工业大亨"合同的飞行器部件,继续开展增材制造研发工作。这笔资金将加速空军建制内增材制造能力的发展,并提升为军用发动机、飞行器和保障设备设计和打印可适航认证的硬件产品的能力。

对于空军和 GE 航空公司联合团队来说,首要任务是创建数字三维技术数据包,用于生产难以采购的、过时的"冷启动"部件,并交付适航的、近净成形的增材制造部件。这些通过数字工程创建的技术数据包,意味着零部件过时淘汰最终将成为历史。在接下来的几年里,GE 航空公司计划在空军需要持续保障的飞行器平台上创建至少五个技术数据包。

第三阶段中,联合团队已经在位于俄亥俄州辛辛那提的 GE 增材部工厂,通过 GE 所属概念激光公司 M2 系列 5 机床(图 2),使用钴铬合金成功地打印了两个组件:一个是曲柄;另一个是横轴臂。使用合金 718 材料的其他组件的工作也取得了进展。目前,"前沿领跑者"计划仍在按计划进行,将在 2022 年春季向空军交付符合适航性要求的增材制造部件。

图 2 概念激光公司 M2 系列 5 机床

(二)廷克空军基地将作为金属增材供应链中枢

前两个阶段的成功使空军建立了增材制造部件适航鉴定过程,后续阶段空军将专注于优化这一过程,加速空军对金属增材制造的广泛应用,以成建制地解决供应链短缺问题,并实现其承诺——通过大幅缩短交付时间和创造额外的采购选择来改善对作战人员的支持。

"前沿领跑者"计划最终获得成功的关键是在空军内部建立成建制的增材制造能力。后续阶段将在俄克拉何马州廷克空军基地建立金属增材制造供应链,能够生产经适航认证的组件以支持国防部的持续保障需求。实现这一目标的方法是确保该计划中产生的知识产权归美国政府所有,这将使美国空军和国防部能够在未来自行打印这些部件。

GE 航空公司和空军的合作将使美国政府对增材制造的使用合法化，以满足现有供应链中目前无法支持的老旧飞行器的关键保障需求。在创建技术数据包的同时，GE 航空公司正在与空军人员密切合作，将生产能力转移到廷克空军基地的维修站。这将为美国空军建立成建制、符合适航要求的金属增材制造能力。

四、结束语

空军近年来持续布局增材制造技术发展：一是持续资助国家增材制造创新机构，全面支撑增材制造研发；二是开展专项研究计划和挑战赛，提升增材制造军事应用水平；三是面向未来军用航空装备，大力促进多种材料的增材制造创新。"前沿领跑者"计划的实施是空军在增材制造方面的又一重大举措，能够帮助空军获得建制内的增材制造能力，解决未来空军许多的战备完好性挑战。该计划的实施也体现了美国空军对参谋长"加速变革，否则失败"要求以及对数字战役"加速数字化，否则失败"理念的深度贯彻，其演示和已证明的能力将改变美国军用航空发动机生产和持续保障的游戏规则。

（中国航空工业发展研究中心　刘亚威）

大尺寸金属增材制造技术发展动向及影响

大尺寸金属增材制造技术可在更大程度上满足武器系统大尺寸复杂构件快速制造和修复的重大需求，适应现代化战争快速响应、快速制造、快速修复、快速恢复战斗力的新要求，备受军事强国重视。2021年，俄罗斯政府发布《俄联邦至2030年增材制造发展战略》，将"米"级金属增材制造确定为提升俄罗斯增材制造竞争力的关键技术之一；美国陆军开建世界最大金属增材制造系统，以实现战车整体车体成形，还研究地面车辆大尺寸金属零部件增材制造工艺。近年来，大尺寸金属增材制造技术不断创新发展，并在武器系统研制与维修应用中取得初步成效。

一、发展背景

金属增材制造技术能实现复杂形状金属构件的快速整体制造，已成为高性能武器装备复杂构件设计和制造的新方法，其用于武器系统复杂零部件的整体快速制造和修复，在提升武器系统的综合性能、缩短研制生产和维护保障周期等方面发挥作用。

武器系统零部件结构逐渐向尺寸大型化、型面复杂化、结构轻量化发展，对增材制造技术的成形尺寸和效率、制造精度和成本提出新的更高要求。一方面，要求大型复杂金属构件的研制和生产在保证精度和质量的同时具有较高的成形效率，但目前武器系统零部件常用的金属增材制造技术很难同时兼顾成形效率和精度。例如，激光选区熔化增材制造技术拥有较高的成形精度，但成形效率低、制造的构件尺寸受到惰性气氛舱室限制，适用于小尺寸复杂构件的制造。电弧增材制造技术成形效率高，能够制造大尺寸构件，但成形精度低，需通过机械加工来保证尺寸和形状精度，主要用于大型较复杂构件的整体制造。因此，开发大型复杂金属构件高效率、高精度增材制造技术，对于武器系统结构轻量化、强防护和高毁伤发展具有重要的军事意义。

二、发展与应用动向

近年来，金属增材制造呈大尺寸化发展态势，"米"级高精度工艺装备不断涌现。激光粉末增材制造、电弧增材制造、增材搅拌摩擦沉积、冷喷涂增材制造技术不断创新发展，并逐步用于武器系统研制与维修保障。

（一）研发大尺寸激光粉末金属增材制造技术，支持高超声速武器发展

激光金属增材制造技术以高能源激光为热源，在惰性气体保护条件下熔化金属粉末或丝材，逐层堆积，从而实现零部件的直接成形。与其他金属增材制造技术相比，传统激光金属增材制造技术尤其是激光选区熔化增材制造技术具有成形精度高、成形效率低、成形尺寸受惰性气体舱室限制等特点。

为克服传统激光粉末增材制造技术在成形速度、成形尺寸等方面的限制，推动激光粉末增材制造技术在大型复杂零部件研制中的应用，美国陆军、通用电气公司等都开发了大型激光粉末增材制造技术与设备，并已开始开展这些新技术在高超声速武器超燃冲压发动机研制中的应用研究。

美国陆军针对远程弹药、下一代战车、直升机和防空反导领域的特定应用需求，投资研发出含9个激光器的世界最大激光选区熔化增材制造设备（最大成形尺寸为1米×1米×0.6米）。与传统金属增材制造设备相比，新设备成形速度更快、零件质量更高。2021年，美国国防部支持使用该设备制造718镍合金全尺寸"米"级超燃冲压发动机流道原型分段（图1），旨在提高超燃冲压发动机零部件设计灵活性，降低制造成本，提高研制效率。通用电气公司研发的"米"级大幅面激光选区熔化增材制造设备适用于具有高分辨率和复杂几何形状的大型构件。美国国防部支持该设备在液体燃料超燃冲压发动机研制中的应用研究，旨在通过集成化设计与制造，将发动机零件数量由传统1000多个减少到100个，以提高系统性能，同时验证新技术在高超声速武器研发中的适用性。

图1 采用世界最大激光选区熔化增材制造设备制造超燃冲压发动机流道原型分段

（二）研发电弧增材制造新技术，支撑弹药、舰船快速制造与维修

电弧增材制造技术是一种以焊接技术为基础，采用电弧或等离子弧为热源将金属丝熔化,按照逐层堆积原理,根据三维数字模型,由线－面－体逐渐成形出金属零件的增材制造技术。与激光粉末增材制造技术相比,电弧增材制造技术沉积效率高、材料利用率高、材料和设备成本低、适用于大型较复杂构件的整体快速制造,但是成形精度低,需要后续机械加工来保证尺寸和形状精度。

英、法等国都已开发电弧增材制造新技术,并用于炮弹弹体和舰船螺旋桨制造。英国 BAE 系统公司与克兰菲尔德大学合作,采用电弧增材制造技术实现了重达 32 千克的高强钢炮弹壳体整体制造并投入应用。法国海军集团公司开发了金属熔丝沉积工艺,制造了迄今为止世界最大金属增材制造螺旋桨推进器(跨距 2.5 米,含 5 个 200 千克重的叶片)并安装在法国海军"埃里丹"级猎雷艇"仙女座"号上(图 2),可实现舰船轻量化,提高推进效率。

图 2 在"埃里丹"级猎雷艇"仙女座"号上安装 3D 打印螺旋桨

(三)优化新型固态金属沉积工艺,支持战车等武器系统大尺寸零件制造与维修

"梅尔德"是一种新型固态沉积工艺,通过机械摩擦产生的热量将金属粉末或棒材原料加热到热塑性状态，逐层堆积产生冶金结合，从而实现构件的整体快速成形。新工艺具有可扩展、开放式操作、高沉积速度、产生近锻造微观结构等特点，适于大尺寸金属构件制造与修复，尤其适用于铝合金、镁合金等熔化增材制造缺陷敏感性高的轻质合金。

目前，使用"梅尔德"工艺的金属增材制造设备成形尺寸最大为 2.08 米×1.09 米×0.991 米，已成功用于美军军用直升机铸造镁合金齿轮箱、铝合金导弹发射轨道等部件维修，正在开展其在第五代战机和未来战机铝合金构件修复中的应用研究。2021 年 4 月，美国陆军启动"无接缝车体增材制造"项目，通过对现有"梅尔德"技术进行升级、克服控制软件与特殊金属加工系统和大型龙门架集成的技术障碍，开发世界最大的金属增材制造系统，用于生产净尺寸达 9.144 米×6.096 米×3.658 的整体无接缝战车车体等大型复杂战车结构件，旨在缩短研制周期，提升防护性能。

（四）发展冷喷涂增材制造技术，加速武器系统创新与战场按需制造能力形成

冷喷涂技术将金属粉末或金属/非金属混合粉末以超声速喷射到基体表面，粉末与基体碰撞后发生塑性变形并黏附在基体表面，逐层堆积形成构件实体。冷喷涂技术具有沉积速率高、残余热应力较低、材料不易氧化等优点。目前，冷喷涂技术已从武器系统零部件表面改性和修复技术逐渐发展为一种快速增材制造技术。其中，澳大利亚开发的动态融合技术、超声速三维沉积技术在武器系统创新研制和战场按需制造方面具有应用优势。

Titomic 公司推出了采用动态熔合技术的大型和超大型金属增材制造系统。其中超大型系统是一条定制化自主机器人生产线，能够按需增材制造承重结构和特种表面涂层，最大构建体积为 9 米×3 米×1.5 米，最快成形速度达 75 千克/小时。动态熔合技术已成功用于制造直径超 1.8 米的高强轻质和弹道防护性能好的钛合金战术无人机，还计划用于制造舰船零部件，支持澳大利亚海军未来舰船建造计划。此外，动态熔合技术具有将异种金属熔合创建复合金属零件，以充分利用单一零件中多种金属的性能等优势，适用于多种金属复合装甲、轻型耐热炮管、多金属复合弹丸快速制造。动态熔合技术还具有大型和等同于旋转建造的能力，可制造直径 4 米、长度 3 米的大型整体成形零件。2021 年，澳大利亚联邦政府现代制造计划支持将动态熔合技术用于高超声速防护、辐射屏蔽等太空飞行器领域。

超声速三维沉积技术是澳大利亚国防军唯一持续跟踪评估的金属增材制造技术。该技术成形速度提高 10～1000 倍（相比传统金属增材制造），目前最大可加工零件尺寸为 $\phi1$ 米×0.7 米，最大质量为 40 千克，适用材料为铜和铝。自 2019 年澳大利亚国防工业部长宣布投资评估超声速三维沉积技术在巡逻艇维护中的应用后，澳大利亚陆军于 2020—2021 年持续对部署在军演现场严苛环境中的增材制造设备进行跟踪测试及能力评估，验证了该技术的战场适用性，并计划向供应链集成。

三、影响

大尺寸金属增材制造技术为武器系统的轻量化、强防护、高毁伤、信息化和智能化发展提供了新思路和新契机，用于武器系统大型复杂构件的整体快速研制和修复，可大幅提升武器系统综合性能，缩短研制生产和维护保障周期。

（一）构造武器系统大型复杂构件全新结构，实现大型复杂构件整体化功能化集成

基于大尺寸金属增材制造技术，通过将拓扑优化设计与制造进行高度

融合，在保证性能的同时，构造出武器系统大型复杂构件全新的结构形式，使其具有轻量化、寿命长、成本低等优势；通过对多个零件进行整体化功能集成，从而减少武器系统大型复杂构件零件数量，缩短制造、装配和检验流程，降低质量风险，提高可靠性。

（二）开辟武器系统大型复杂构件制造新途径，实现大型复杂构件快速整体制造

金属增材制造技术能够实现武器系统复杂形状金属构件的快速整体制造与修复。大尺寸一直都是金属增材制造发展的方向，更大的成形尺寸可显著扩大金属增材制造的应用范围，满足武器系统大型复杂构件的成形要求，解决传统制造无法整体加工大型复杂构件的难题。

（三）实现大型构件快速修复与现场制造，完善后勤保障供应链

经严苛环境下的战场适用性验证，在远征战地采用超声速三维沉积等大尺寸金属增材制造技术可现场制造出能够满足作战要求的武器系统构件，替换受损部件，使武器系统快速恢复战斗力。这种应急保障方式可应对在严峻作战环境下持续作战等战备挑战，满足作战任务的快速响应需求，完善后勤保障供应链，为作战部队提供战略和战术上的优势。

（中国兵器工业集团第二一〇研究所　苟桂枝）
（中国兵器科学研究院宁波分院　柏关顺）

金属黏结剂喷射增材制造技术值得关注

2021年3月,金属黏结剂喷射增材制造技术领导者美国ExOne公司和桌面金属(Desktop Metal)公司同日宣布实现了6061铝合金黏结剂喷射增材制造,解决了脱脂烧结过程极易导致铝合金燃烧的难题,为金属黏结剂喷射增材制造技术的应用开辟了新空间。11月,桌面金属公司完成对ExOne公司的收购,双方的先进技术互补将显著加快金属黏结剂喷射增材制造技术的发展进程。美国在金属黏结剂喷射增材制造技术领域更具优势,值得关注。

一、金属黏结剂喷射增材制造技术概述

(一)技术原理与特点

金属黏结剂喷射增材制造技术是一种基于粉末床的多步工艺,先通过喷墨打印头逐层喷射黏结剂选区沉积在粉末床上,黏结打印三维实体零件初坯;再经固化和脱粉操作后,将打印的零件初坯置于均匀的热环境中进行脱脂和烧结,使其致密化并获得力学性能良好的零件。

与激光粉末熔融、直接能量沉积等金属增材制造技术相比，黏结剂喷射增材制造技术具有成本低、适用材料范围广泛、无需支撑结构、设计自由度高、适于批产等优点，但其成形尺寸有限，目前无法成形中大型零件。

（二）发展历程

黏结剂喷射增材制造技术最初称为三维打印（Three Dimensional Printing，3DP）技术，由麻省理工学院于1988年发明。1995年，美国ZCorporation公司得到3DP技术授权，并陆续推出了系列3DP设备。1996年，美国易趋宏（Extrude Hone）挤压研磨机械公司获得麻省理工学院的专利授权，并于1997年推出世界首台金属黏结剂喷射增材制造设备。2003年，易趋宏旗下ExOne公司独立出来，专注于黏结剂喷射打印不锈钢零件和铸造用模具。2013年，美国材料与试验协会正式命名黏结剂喷射增材制造技术。

二、金属黏结剂喷射增材制造技术发展动向

近年来，随着金属黏结剂喷射增材制造技术不断发展，相应商用设备不断推出，适用材料也不断丰富。目前，典型金属黏结剂喷射增材制造设备生产商主要包括美国ExOne公司、桌面金属公司和瑞典数字金属公司等。

（一）高性能金属黏结剂喷射增材制造设备不断推出

作为金属黏结剂喷射增材制造技术先驱，ExOne公司已推出多型金属黏结剂喷射增材制造设备，其中，X1 160Pro是目前最大的金属黏结剂喷射增材制造设备，成形箱体积达800毫米×500毫米×400毫米，最大成形速度为10000厘米^3/小时。

桌面金属公司于2015年成立，创始人包括黏结剂喷射技术发明人等4位麻省理工学院教授。目前，桌面金属公司已先后推出基于黏结剂喷射增

材制造技术的两代办公友好型 3D 打印系统——工作室系统、世界最快的批量生产打印机——生产系统、世界首个专为机械车间和金属加工车间设计的金属黏结剂喷射系统——车间系统。其中，生产系统配有最先进的打印头，上面有 16384 个喷嘴，每秒能够喷出 15 亿滴液滴，具有 1200×1200 DPI 的原始分辨率，堆积效率可达 12000 厘米^3/小时，以高达激光粉末熔融系统 100 倍的速度生产全致密高质量复杂金属零件；车间系统配有最先进打印头，上面有 70000 多个喷嘴，每秒能够喷出 67 亿滴液滴，具有 1600×1600 DPI 的原始分辨率，以高达激光粉末熔融系统 10 倍的速度生产全致密高质量（表面粗糙度为 Ra 4 微米）复杂金属零件。

瑞典赫格纳斯公司开发的"数字金属"（Digital Metal，DM）工艺是一种高精度金属黏结剂喷射增材制造技术，可实现定制零件高速、低成本生产。为推动"数字金属"工艺商业化，赫格纳斯公司成立与工艺同名的子公司。目前，数字金属公司已推出 DM P2500 增材制造设备。DM P2500 打印速度最高为 500 厘米^3/小时，平面分辨率为 35 微米，平均表面粗糙度为 6 微米。

（二）适于黏结剂喷射增材制造的材料范围不断扩展

近年，适于黏结剂喷射增材制造的材料范围已从铁基材料扩展到钛合金、高温合金甚至是铝合金等活性金属材料。

ExOne 公司开展了广泛的材料测试，到 2021 年已拥有 17-4PH、304L、316L、M2 工具钢、316 青铜、420 青铜、钨青铜、钴铬合金、铜、H13 工具钢、Inconel625、钛、钨合金等 20 余种材料的黏结剂喷射专利工艺，并成功实现了 6061 铝合金黏结剂喷射增材制造。

桌面金属公司不断推出与自身黏结剂喷射增材制造设备相适宜的材料。2021 年，该公司先后推出适于桌面金属生产系统的高性能 6061 铝合金粉末、4140 低合金钢，适于桌面金属生产系统和车间系统的 316L 不锈钢。

数字金属公司通过升级软件提高成形速度，不断丰富适用材料，推动技术发展与应用。2021 年 2 月，数字金属公司推出黏结剂喷射增材制造纯铜粉末 DM Cu，实现了纯铜的黏结剂喷射成形，为其在电子产品、热交换器和发动机中的应用奠定基础。截至 2021 年末，"数字金属"工艺适用材料包括不锈钢 316L、17－4PH，工具钢 DM D2，极端环境应用的超级合金 DM 625（相当于镍合金 625）、DM 247（相当于镍基耐热合金 MAR M247），钛合金 Ti6Al4V，以及 DM Cu。

三、金属黏结剂喷射增材制造技术军事应用动向

美国 ExOne、桌面金属公司等的黏结剂喷射金属增材制造技术已得到美军的关注。近年，美军通过小企业创新研究（SBIR）计划、国家增材制造创新机构等渠道资助金属黏结剂喷射增材制造技术在新型高强度钢零件低成本制造、无钴硬质合金大批量生产、高超声速热管理结构用钛锆钼（TZM）难熔金属材料、增材制造移动方舱开发等应用研究。

（一）用于高性能金属增材制造

2019 年 11 月，美国导弹防御局授予 ExOne 公司合同，开展黏结剂喷射技术在高超声速热管理结构用钛锆钼（TZM）难熔金属增材制造研究。ExOne 公司通过构建一个小型 TZM 子组件，演示验证黏结剂喷射技术制备高超声速用 TZM 材料的技术可行性。2020 年 9 月，美国空军通过国家国防制造与加工中心，委托 ExOne 公司开发和鉴定新型高强度钢 AF－9628（美国空军研究实验室开发的高强度钢，相比传统增材制造金属材料，制件极限抗拉强度高 20%）黏结剂喷射增材制造工艺，旨在降低目前采用传统激

光粉末床熔融增材制造工艺制造 AF-9628 零件的成本。

利用黏结剂喷射技术批量生产优势研发无钴硬质合金零件大批量生产制造工艺。2020 年 10 月，美国陆军合同司令部代表陆军研究实验室通过国家制造科学中心"先进制造、材料与工艺计划"授予桌面金属公司为期三年总价值 245 万美元的合同，旨在基于公司的单程喷射（SPJ）专利技术，针对陆军开发的一种新型无钴 WC-(Fe-Ni-Zr) 基硬质合金开发先进增材制造工艺，在不使用任何工装、模具的情况下批量制造复杂形状净成形或近净成形零件。项目研究目标：一是开发新型无钴硬质合金原料和黏结剂系统；二是使用 SPJ 技术，一台增材制造设备日产至少 20 万个零件；三是扩大 SPJ 黏结剂喷射增材制造工艺的规模，至少制造 50 万件原型件，并交付成本分析文档。该项目有望进一步推进绿色可持续工艺发展，以制造这些无钴硬质合金，同时提供一种环境友好的方法，可大量生产具有优异性能的金属、合金、金属陶瓷和复合材料零件。

（二）用于战场零件增材制造与修复

基于黏结剂喷射增材制造技术具有的成形速度快、材料的灵活性以及易用性等优势，2020 年 8 月，美国国防后勤局通过小企业创新研究计划授予 ExOne 公司牵头的项目团队为期 2 年价值为 160 万美元的合同，开发可全面投入使用、设施齐全的移动式增材制造工厂（图 1）。该工厂置于约 12 米长的标准集装箱中，内置采用 ExOne 公司黏结剂喷射技术的在研特殊军用打印机等设备，可通过陆、海、空直接部署在野外，支持战区、灾难救济或其他远程行动零件制造任务。此项研究重点是提高商用黏结剂喷射增材制造设备在各种工作条件下的耐用性，并且通过软件和培训来简化技术在战场使用的能力要求，提升移动方舱的易用性。

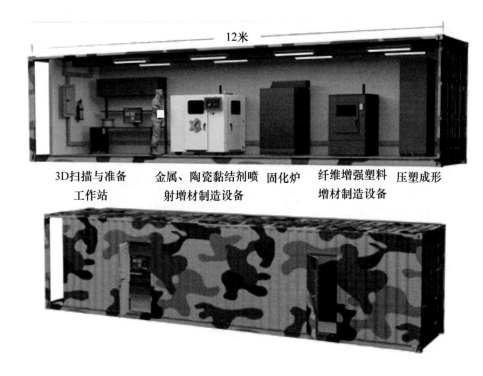

图 1　移动式增材制造工厂

四、结束语

作为新兴的金属增材制造技术，黏结剂喷射已经逐渐显露出其强大的规模化生产应用潜力。美军已开始研究该技术在高超声速热管理结构材料、新型高强钢、新型无钴硬质合金等特定高性能材料，以及构建战场增材制造能力等方面的应用。随着黏结剂喷射增材制造技术的发展，其将成为一项关键军用制造技术，未来在快速满足关键军事技术需求方面发挥重要作用。

（中国兵器工业集团第二一〇研究所　苟桂枝）

美国密集推进太空增材制造技术研究

太空制造技术是人类提升地外活动能力、开展深空载人探索任务的战略性关键技术。增材制造技术作为能颠覆装备研制、生产和保障模式的前沿技术,一直以来受到美国高度重视。近年来,增材制造为美国太空制造技术发展带来了新机遇,美国国家航空航天局(NASA)、美国国防高级研究计划局(DARPA)等政府机构联合工业界和学术界力量,密集推进太空增材制造技术探索研究,加速形成未来太空按需制造与在轨维修保障能力。目前,太空在轨制造和太空原位制造两个领域的研究格外活跃。

一、太空在轨制造

太空在轨制造,即不再发射产品,而是发射原材料或利用回收的太空材料直接在太空中进行加工、制造的行为。采用在轨制造技术既可充分利用零重力环境提升产品性能,也可减少对地面制造的依赖,实现在轨按需制造和在轨维修等,这是人类拓展深空探测活动的有力保障。

(一)利用太空零重力环境提升产品制造性能

太空增材制造技术为研发由于地球重力环境而无法制造的高性能产品

提供了特殊条件。2020年12月，红线（RedWire）公司的陶瓷制造模块（CMM）在国际空间站成功在轨制造出一个整体式陶瓷涡轮盘和一系列材料测试样件。该制造模块采用光固化立体成形（SLA）工艺，制造出的陶瓷部件内应力更少、强度更高，有望进一步提高飞机发动机部件的性能和耐用性。2021年12月，RedWire公司的涡轮高温合金铸造模块（TSCM）将发射至国际空间站，开展多晶高温合金部件的太空在轨制造研究，以提升航空航天、发电等行业的涡轮发动机性能。在零重力环境下，生物3D打印可以更好地操纵球状液体来创建复杂的生物结构，打印的软组织不会因为自身的重力而发生坍塌。

2020年，美国Techshot公司与nScrypt公司开发的生物制造设施（BFF），已成功在国际空间站3D打印出人体半月板及其他测试材料。2021年下半年，Techshot公司对该设施进行升级，如为其增加注射针打印的功能（与地面打印的方式相同）等，未来的目标是制造出可移植的心脏组织。

（二）在轨按需制造产品，减少备件库存

2016年，NASA和太空制造公司（Made in Space）在国际空间站安装了首台"增材制造设备"（AMF），开始为空间站制造所需物品。迄今为止，AMF已在国际空间站生产了200多种工具、零件和物资，按计划可使用至2024年国际空间站退役。此外，该公司研制的多材料太空3D打印设备"VULCAN"可制造出高精度金属部件，其具有增材制造、精密加工、自动化检测、组装等功能，可以按需调换不同的加工工具，并且可兼容高性能热塑性复合材料、钛、铝和不锈钢等30多种材料。2021年10月，NASA兰利研究中心与COSM先进制造系统公司合作，利用电子束自由成形制造（EBF3）技术设计并开发出一种具有内置传感器的新型电子束枪，能够在太空自主运行，并已通过模拟零重力环境对该设备成功进行了测试，未来有望用于太空金属增材制造。

此外,美国大力开展太空材料回收再利用研究,旨在进一步减少对原材料地面运输的依赖。例如:太空制造公司开发的塑料回收设施已在国际空间站成功获得验证,并已开展金属材料回收研究。Firmamentum 公司结合太空回收、在轨制造和机器人组装等技术开发新型系统,作为"渐进一次性运载火箭"的次级有效载荷,在轨回收该火箭的二级有效载荷适配器环,将其中的铝回收并制造成大型高精天线反射器。

2021 年 3 月,NASA 授予 CisLunar 工业公司小企业创新研究计划合同,探索开发一种新型太空回收系统。该系统将能碎化太空废弃组件和大型结构物并加工成金属棒或钢锭等,作为在轨增材制造、太空铸造等的原材料。2021 年 10 月,NASA 通过促进竞争性研究试验计划(EPSCoR),资助内布拉斯加大学奥马哈分校(UNO)和智利 Copper3D 公司,研发并测试两种用于太空增材制造的新型可回收抗菌材料,以确保宇航员在执行太空任务期间免受微生物和寄生虫污染。其中,Copper3D 公司利用其名为"PLAC-TIVE"(一种混合了铜纳米颗粒的聚合物)的材料,能够抗病毒和细菌,并结合了材料回收的概念,使材料不会因为多次回收和再利用过程而失去其抗菌性能;UNO 则利用太空制造公司的增材制造设备(AMF)在地球模拟环境下开展测试。

(三)与机器人技术结合,在轨制造及维修大型或易损结构

为提升大型航天系统的在轨制造及装配能力,NASA 开展了多项研究,取得了显著成效。其中,NASA 通过"在轨维修组装制造 – 1"(OSAM – 1)项目与系绳无限(Tethers Unlimited)公司合作,利用航天器上搭载的"空间基础设施灵巧机器人"(SPIDER)及其配备的 MakerSat 有效载荷,能够在轨 3D 打印 10 米长的碳纤维复合材料结构,有望广泛应用于巨型天线阵

列和太阳能电池板等超大型空间结构制造。该系统已完成地面演示，按计划将于2022年搭载"Restore–L"航天器入轨。

此外，NASA通过"在轨维修组装制造–2"（OSAM–2）项目资助太空制造公司，开发出在轨增材制造与组装（Arichnaut）平台。该平台集成增材制造、机器人和人工智能技术，可在零重力环境下构建大型结构。该系统计划于2022年由火箭实验室公司发射，首个试验任务是利用机械臂打印太阳能电池板支架，避免卫星两侧的柔性太阳能电池板卷曲，在相同重量下可使太阳能电池板的发电能力提升4倍。

二、太空原位制造

太空原位制造是指无需从地球发射材料，直接利用地外星球表面土壤进行制造，以进一步减轻对地球的依赖，并探索在地外星球表面建造宜居空间。太空原位制造当前研究的热点涉及两个方面。

（一）从外星资源中提取并制备适于原位3D打印的原材料

月球、火星等地外星球表面土壤中富含铁、铝和钛等元素的硅酸盐成分，适合制备航天器金属零部件；此外，外星土壤或岩石中的聚合物材料可用于建造适应极端环境的建筑物。NASA以月壤模拟物为原材料，利用电子束熔融技术制造了零部件；开发出"熔融风化土电解"工艺，探索从火星土壤中提取金属。

2019年，AI SpaceFactory公司利用从火星岩石中提取的玄武岩纤维和一种生物聚合物，成功开发出了一种可降解、可回收的复合材料，其抗压强度达到混凝土的2~3倍以上，在冻融条件下的耐久性达到混凝土的5倍。2021年3月，NASA通过小企业技术转移（STTR）计划资助Masten太空系统公司和太平洋国际探索系统航天中心（PISCES），探索开发一种新型月壤–黏合剂复合材料，并针对星表恶劣环境开发专用挤出设备。

（二）研制适用于外星极端环境的 3D 打印设备

2021 年 8 月，红线（RedWire）公司向国际空间站发射了新的制造模块，包括 3 个定制 3D 打印头和 3 个打印床，用于试验以月壤模拟物为原材料的在轨 3D 打印技术，最终目标是用月球原生材料按需制造基础设施及部件。

2021 年 3 月，NASA 通过小企业技术转移研究（STTR）计划资助多个项目，开发用于地外星球基础设施及建筑物原位制造的系统。例如，Astroport 空间技术公司与得克萨斯大学圣安东尼奥分校合作，研发能够实现自主或远程机器人构建的移动控制系统，利用 3D 打印机与一种感应炉和喷嘴集成技术，用于月壤砖的生产和放置，从而实现在月球上建造着陆垫、道路和栖息地等；物理科学公司与麻省理工学院（MIT）合作，研究利用月球原料进行"玻璃打印"，开发一种可以打印月球风化层结构的系统，在地球上模拟月球环境进行测试，后续还将开发月球专用机器人制造平台，为未来行星探索提供灵活的结构制造工具。

三、结束语

与传统的地面制造后运输至太空的制造方式相比，太空增材制造在制造效率、成本、性能和响应速度等方面都具有明显的优势。同时，太空微重力环境为前沿技术探索提供了理想环境，有助于发挥增材制造的全部潜力。未来，太空增材制造技术将向着更高精度、更大尺度以及更快速度方向发展，推动实现在太空快速制造在轨作业所需的零部件和工具，避免等待航天发射带来的时间延误和火箭整流罩尺寸的限制,减少对地面制造的依赖,有效解决应急货物供应问题,助力未来载人深空探测任务,开发利用宇宙空间资源。

(中国兵器工业集团第二一〇研究所　李良琦)

美国陆军战车铝合金车体制造技术发展分析

下一代战车是美国陆军六大现代化重点项目之一。2021年，美国陆军一是实现了战车铝合金车体机器人自动化焊接，二是实施"无接缝车体增材制造"项目，研究将先进制造技术用于下一代战车车体等部件制造。成本低、重量轻、性能高一直是美国陆军战车追求的目标。近年来，美国陆军通过制造技术计划等途径实施多个项目，开展锻造、成形、焊接、增材制造等先进工艺在战车铝合金车体制造中的应用研究，旨在缩短战车研制周期，降低研制成本，提高战车性能和战场生存能力。

一、发展背景

铝合金材料的密度远低于钢材，与钛合金等其他轻质装甲材料相比，成本相对较低，铝合金装甲还能够很好地平衡装甲车辆机动性和防护性能之间的矛盾。因此，采用大厚度、高性能铝合金代替重钢部件是美国陆军实现战车轻量化、提高生存能力的重要途径。

战车铝合金车体历来容易受到车底爆炸攻击。M113装甲运兵车、M551

装甲侦察/空降突击车因需满足空投要求而限制了重量和相应的铝合金装甲厚度，导致车底防护能力薄弱。M2、M3"布莱德利"战车下车体设计和装甲厚度与 M113 装甲运兵车相似（除装有附加装甲外），在"伊拉克自由行动"以及 2012 年美国国防部长办公室实弹试验与鉴定项目对其进行的测试中均显露出严重的防护能力不足。对大型车底爆炸事件的战斗损伤评估得出，车体失效是由于焊缝断裂以及相对较薄的铝腹板断裂所致。基于此，美国陆军于 2012 年开始实施多项制造技术项目，开发铝合金车体制造工艺并提升技术成熟度，推动新技术在战车中的应用，以加速新一代战车部署，增强战车防护能力和战场生存能力。

二、发展动向

近 10 年来，美国陆军通过制造技术计划等途径实施"经济可承受的目标威胁防护""搅拌摩擦焊车体原型制造""车辆结构高能埋弧焊敏捷制造单元""无接缝车体"等项目，开展战车铝合金车体制造技术研究，推动先进制造工艺在战车中应用。

（一）实施"经济可承受的目标威胁防护"项目，研究多种战车铝合金车体制造工艺，演示验证目标水平的武力防护能力

为减少战车铝合金车体断裂失效，提升车体防爆能力，美国陆军制造技术计划投资 2590 万美元，于 2012 年 9 月至 2017 年 4 月实施"经济可承受的目标威胁防护"项目，针对目标车底防爆要求，研发锻造、成形、焊接等三种铝合金车体制造工艺，旨在利用锻造和成形减少焊缝；利用改进的焊接工艺，提高焊接强度，减少缺陷。

研制最大整体锻造铝合金车底。整体结构具有结构完整和易于集成等优点，适于战车底部结构。2013 年 10 月，美国铝业公司和美国陆军研究实验室联合开展整体锻造铝合金车底研发，并于 2014 年 10 月闭模锻造出两件世界最大的战车整体锻造铝合金车底样件，尺寸达 6.1 米 × 2.1 米，在 12 个月内实现了从概念到部件的转变。项目采用陆军研究实验室与 ATI 公司、维斯塔金属公司、肯联公司合作开发的 7020 铝合金材料以及设计锻造一体化技术，采用 5 万吨重型锻压机整体锻造铝合金车底（图 1）。

图 1　铝合金模锻车底

整体成形首个履带式战车铝合金车底。肯联公司具备生产成形整体车体用大型 7020 铝合金板材的能力，通过快速开发铸锭和轧制参数，生产了 7020-T651 铝合金板材，并为成形车体试验生产了最大的铝合金装甲板。阿姆罗（AMRO）制造公司使用肯联公司生产的大型铝合金装甲板完成了首个履带式战车铝合金车底成形制造（图 2）。履带式战车铝合金车底从概念到成形用时仅 18 个月。

高能埋弧焊制造厚度最大战车铝合金下车体。BAE 系统公司针对 5083、5059 铝合金开发了一种自动化、高电流密度熔化极气体保护焊工艺，制造了厚度最大的战车焊接铝合金下车体（图 3）。相对于传统熔化极气体保护焊工艺，高能埋弧焊具有高沉积率（焊道数减少 70%～90%）、焊缝熔深大、焊接时间减少90%、变形小、焊接缺陷少等优势。

图2 整体成形的履带式战车铝合金车底

图3 厚度最大的焊接战车下车体

对铝合金车底进行爆炸冲击测试以验证性能。将锻造、成形、高能埋弧焊接的铝合金车底与概念性的上部车体集成,组成防弹车体与炮塔测试结构,在目标威胁等级下,进行爆炸冲击测试,测试后的车底如图4~图6所示。试验后的车底观察结果表明,锻造车体、成形车体永久变形最小,焊接车体变形适中。

该项目将替代制造方法和先进防护技术相结合,实现了经济可承受的车底目标威胁防护。针对多种威胁开发的制造能力向陆军训练与条令司令部机动卓越中心转移,以编写战车防护需求;向原陆军坦克机动车辆研发中心转移,支持战车原型设计和未来战车。

图 4 测试后的锻造车底

图 5 测试后的成形车底

图 6 测试后的高能埋弧焊车底

（二）开展搅拌摩擦焊在新一代战车铝合金车体原型制造中的应用研究，以提高下一代战车可制造性和性能

当前步兵战车普遍开始了重型化的趋势，对防御性能的重视成为关键考虑。下一代步兵战车防护性能和车重之间的矛盾更加突出。使用更加先进的焊接技术、防护性能更好的铝合金装甲是必然选择。相比传统电弧焊工艺，搅拌摩擦焊工艺更适用于战车的大厚铝结构连接。

并行技术公司在制造生存能力强的轻型车辆方面具有独特优势。自2001年以来，并行技术公司一直为原美国陆军坦克机动车辆研发工程中心提供先进的连接技术解决方案，其搅拌摩擦焊接设备纵向行程达7.925米，可一次焊接8.89厘米厚的铝合金车体。基于此，并行技术公司于2017年获得原美国陆军坦克机动车辆研发与工程中心"搅拌摩擦焊车体制造原型"合同，合作设计并采用搅拌摩擦焊接技术研制新一代战车铝合金车体原型，并进行严格的测试，以提高战车可制造性、性能和战场生存能力。按照最初合同，并行技术公司需在2022年9月前制造出4个铝合金车体原型，交由原坦克机动车辆研发与工程中心进行疲劳、弹道和爆炸等测试。为配合美国陆军加速下一代战车计划，在2035年前完成下一代战车部署，并行技术公司提前交付了铝合金车体原型。美国陆军对铝合金车体原型进行的底部爆炸测试表明，车体没有被爆炸冲击波击穿，也没有监测到模拟人员伤亡，验证了搅拌摩擦焊接在下一代战车车体制造中的可行性。

（三）实施"车辆结构件高能埋弧焊敏捷制造单元"项目，开发采用高能埋弧焊工艺的自主机器人焊接单元，高效高质量制造战车车体及分段部件

在美国陆军制造技术项目"经济可承受的目标威胁防护"中，高能埋弧焊工艺已被证明可用于车底防爆，相比传统焊接工艺，防护性能更好。

为此，2017 财年，美国陆军制造技术计划实施"车辆结构件高能埋弧焊敏捷制造单元"项目，目标是开发自适应高能埋弧焊机器人敏捷制造单元，专用于战车车体等大厚度铝合金结构件焊接，以提高战车车体防爆能力，同时控制战车制造成本。

项目启动后，陆军通过对战车用高能埋弧焊工艺进行资格鉴定以及对潜在的技术供应商进行行业评估，选定 BAE 系统公司、Wolf 机器人技术公司合作进行技术开发。到 2021 财年，项目团队研制出用于厚板高质量、少道次焊接的高能埋弧焊机器人；开发出大型、多轴定位系统，可将多种吨位的车辆结构操纵到理想的位置；开发多机器人末端执行器，可处理与高能埋弧焊相关的各种任务；开发柔性化车辆安装夹具，易于快速更换零件；开发传感器套件，能够实时监测和调整焊接参数，以补偿零件变化。与传统手工工艺相比，新技术提高了焊接速度和焊接质量，减少了焊后修复，增强了厚板结构防爆性能。

目前，新技术已向多用途装甲车、"帕拉丁"综合管理 155 毫米自行榴弹炮系统项目进行转移，可执行车体 70% 以上的焊接，并使战车焊接时间减少 80%，有助于陆军实现部署目标。2021 年 8 月，BAE 系统公司称，已将与美国陆军研究实验室、Wolf 机器人技术公司合作开发的敏捷制造机器人焊接单元成功用于美国陆军的 M109A7 自行榴弹炮和配套的 M992A3 弹药补给车，以及多用途装甲车辆项目，实现了大型铝合金车体自动化焊接技术突破，提高了车辆焊接效率，提升了质量和一致性。

（四）实施"无接缝车体"项目，利用增材制造技术制造战车整体车体

战车要经受极端天气、敌军突袭等各种恶劣条件，整体车体可显著提升战车的生存能力、实现战车轻量化。采用传统制造工艺进行战车车体整体成形，不具备成本效益，也不适于成批生产，尤其在多个车辆平台投入使用的情况下。2021年4月，陆军作战能力发展司令部地面车辆系统中心选择由美国应用科学与技术研究组织管理"无接缝车体"新项目，并与设备供应商英格索尔机床公司、工艺技术提供商梅尔德制造公司、西门子数字化工业集团、陆军岩岛兵工厂先进制造卓越中心、国防部轻质制造创新机构等合作完成。

"无接缝车体"项目通过对现有技术进行升级，克服适当控制软件与独特金属加工系统、大型龙门架集成等技术障碍，开发世界最大的金属增材制造系统，以生产净尺寸达 9.144 米 × 6.096 米 × 3.658 米的整体无接缝战车车体，用于"悍马"战车等军用车辆大型零件整体成形，实现提高生产速度、大幅缩短交付周期、降低生产成本、轻量化，以及提高战车性能及战场生存能力等目标。

"无接缝车体"项目，首先制造与大幅面增材制造系统具有相同加工特性的缩比系统（1.524 米 × 1.219 米 × 0.914 米），并计划于 2022 年第二季度交付地面车辆系统中心，供国防部科学、工程人员用于材料和加工参数开发，便于向无接缝车体制造系统转移。最终制造的大型增减材混合制造系统，计划于 2022 年第四季度安装在陆军岩岛兵工厂卓越制造中心，供陆军使用以研制具有复杂几何结构的整体车体，也可用于潜艇部件、机身、弹药和空间平台的研制与维修。

三、几点认识

先进制造工艺可提高武器系统生产效率，降低武器系统成本，缩短零件交付周期，提高武器系统性能，确保作战人员能够获得可用的最先进技术。美国陆军通过多项制造技术项目投资，改进和开发新型制造工艺，推动战车车体制造技术向自动化、数字化方向发展，确保战车安全、快速、低成本生产，提升战车生存能力。

（一）研究、验证多种制造工艺，提升战车防护能力，应对不断升级的威胁

陆军"经济可承受的目标威胁防护"制造技术项目围绕目标威胁防护，研究了锻造、整体成形、先进焊接等制造工艺，提高了战车铝合金下车体制造技术成熟度；通过实弹测试，制造的铝合金下车体通过了所有目标威胁，达到目标防护水平；通过多个国防机构、不同国家和大小型企业的协作，以及国防部的协调，项目取得了重要成果，获得了2017年度国防制造技术成就奖。该项目部分成果为美国陆军训练与条令司令部机动卓越中心编写车底防护要求提供支撑，部分技术已融入多用途装甲车等战车生产中。威胁防护级别的提高会减少士兵战场伤亡，提高战场生存能力。

（二）战车铝合金车体制造技术向自动化、数字化方向发展

大型结构件的自动化焊接是焊接领域的难题。战车车体通常由手工焊接将厚装甲板连接制成，既耗时又危险。美国陆军"车辆结构件高能埋弧焊敏捷制造单元"制造技术项目，开发了一种敏捷制造机器人单元，专用于战车铝合金车体结构件焊接，为下一代战车引入自动化焊接技术，实现战车重型焊接操作自动化。先进的机器人焊接自动化系统能够实现车体多次翻转，使其处于理想的焊接位置，不仅减少了焊接启停次数，还可以通过增加输入能量和加粗焊丝直径，提高焊接沉积率，减少所需焊接道数，显著提高了焊接效率和质量，有助于战车快速交付，提高战车防护能力。

增材制造技术是一种变革性的材料-结构-功能一体化数字制造技术，可满足多种特殊需求，在武器装备研制及生产中具有不可替代的作用。美国陆军"无接缝车体"项目通过对现有技术进行升级，开发大幅面金属增材制造系统，通过对车体厚度、重量和经济可承受性的极端要求进行平衡，解决陆军战车下车体防护问题。由于增材制造技术可提高武器系统设计自由度，"无接缝车体"项目成果可推动创成式设计的应用，以改进设计流程，减少制造时间和成本，减少材料消耗、减轻重量，提高性能。采用该项目开发的大型增材制造系统可制造具有高机动性和防护能力的大型整体轻质结构，有可能改变军用车辆的制造方式，同时降低供应链脆弱性。

（中国兵器工业集团第二一〇研究所　苟桂枝）

（中国兵器工业集团　刘勇）

美欧航空复合材料制造持续迈向高效数字生产模式

随着材料制备技术和自动化制造技术的日趋成熟，复合材料在航空装备上的应用突飞猛进，航空复合材料时代已经来临。近年来，工业4.0在全球范围内得到了广泛推进与应用，航空制造业对自动化、智能化生产模式的需求日益增长，复合材料的制造模式与流程也正向数字化转型的方向发展，这对于航空装备典型复合材料结构的智能化大批量生产具有重要的应用价值。近年来，美国以及英国、德国等欧洲国家相继开展相关的技术开发与验证工作，发掘基于数字化手段的复合材料4.0制造模式，以充分体现先进传感器与数字技术融合的效率提升，实现复合材料结构的高效制造。

一、复合材料4.0特点

工业4.0通常被描述为将网络物理系统集成到制造业中的趋势，是推动产品的设计、生产、交付、操作、维护和退役的数字化转型。作为工业4.0的分支，复合材料4.0的目标则是以数据和情报为基础的生产，通过使用自动化、传感器、先进通信技术、软件以及其他不断发展的数字技术，使复合材料产品制造流程更高效、更智能、更具适应性，这一模式能够带来的最大优势就是生产速度和效率的提升，同时还会带来额外的成本节省和质量提升。

不同于自上而下的传统生产系统，复合材料4.0的愿景（图1）是能够建立自适应和自我组织的生产系统。自上而下的系统流程僵硬单一，反应速度较慢，自适应系统则极其灵活并且能够根据变化快速重新组织生产活动，这是未来的工艺网络所必需的技术基础。

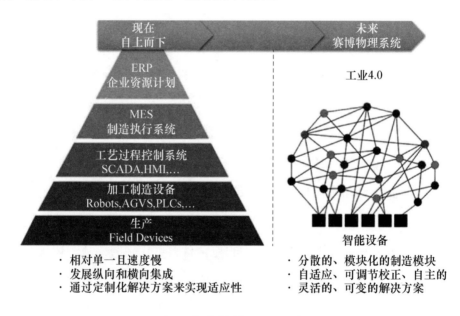

图1　复合材料4.0的愿景

实现自适应的目标需要自动化技术，无处不在的传感器与数据传输通道，以及基于人工智能的软件来分析和使用产生的所有数据。如今，复合材料制造商和航空制造商正致力于这种数字化转型，不仅开展工艺优化和在线检测研究，还积极寻求更先进的解决方案以实现智能化、集成化、自主化的生产，这不仅是敏捷的，而且能够响应甚至预测不断变化的需求。

二、复合材料4.0发展趋势与应用

（一）零缺陷智能化检测

复合材料数字化、自动化无损检测是近年来随着复合材料不断扩大装机应用规模和现代飞机设计制造特点提出的。2021年3月，美国空军研究实验室与康奈尔大学康奈尔高能同步源（CHESS）材料解决方案网络合作开发了"X射线视觉"工具，可以在关键零件制造过程中，特别是增材制造过程中直接连续观察复合材料组件内部结构，寻找材料中的空隙或不一致。这项新技术结合了相衬成像和微束扫描技术，可以生成生产过程中和生产后的零件实时X射线散射图像，将用于先进无人机和卫星系统的复合材料部件的鉴定和认证，有望为美国空军节省数百万美元。

2021年6月，GKN航宇公司在其位于德国慕尼黑生产复合飞机部件的工厂中引入了柔性、动态的ACCUBOT多模态机器人系统（图2），显著提高了无损检测的效率和可靠性。ACCUBOT采用两个在直线轴上平行运行的关节型机器人，可集成X射线、断层扫描、热成像和非接触几何测量等手段，利用自动更换工具技术可在一次装夹下用不同的方法进行检测，其带有附加旋转轴的工具能够在狭小的、高度扭曲的区域进行穿透检测，可以使几何检查时间从11小时减少到0.5小时。

2021年春季，CAD/CAM服务公司赢得F-35战斗机的表面测量研究合同，将为洛克希德·马丁公司提供一个在无人机上安装的空中数字化检测设备，该扫描仪可以准确（±0.025毫米）测量大型组件，主动搜索凹痕、裂缝、变形、腐蚀和对齐等问题。特别地，该设备可使用高度敏感的红外摄像机检测飞行器复合材料蒙皮下方，有效地可视化和识别 F-35 复合材料蒙皮内的分层缺陷，消除了制造环境中的人为错误和安全风险，使洛克希德·马丁公司能够准确、安全地改进 F-35 的制造测量工作。

图 2　ACCUBOT 多模态机器人系统

（二）自动化生产单元

德国航空航天中心轻量化生产技术中心（ZLP）开发了结合人工智能的碳纤维增强复合材料结构自动化生产工作单元（图 3）。该项目为空客 A350 后压力隔框设计了非卷曲干纤维叠层和树脂灌注工艺，也可用于机身壁板或机翼盒的生产。目前，该生产线的设计正朝着所有模块相互互连的方向发展，目标是实现可自我配置、校正和优化，满足尺寸的可扩展性和复杂性。

在工艺过程中实时收集数据，添加元数据注释并自动反馈到数据库中的数据构成了工艺过程数字孪生的基础。协作机器人可以从 CAD 模型、生产计划和摄像头中自主判断待加工的工件，并根据生产计划确定所有工序的开始/结束路径及完成时间。若更改 CAD 模型或工艺流程，机器人将自动进行调整。这种由人工智能驱动的自动化是未来复合材料制造4.0工厂的基础之一。

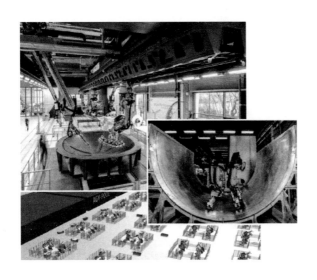

图3　CFRP航空结构自动化生产单元

（三）面向热塑性材料的低成本可持续生产

与热固性材料相比，热塑性复合材料质量更小，基体材料更坚韧，抗冲击损伤能力更强，且只需要进行加热即可有效连接，无需使用传统紧固件，整体集成性、轻量化和绿色减排优势显著。2021年7月，英国国家复合材料中心与Dowty公司使用针对热塑性复合材料的先进三轴碳纤维编织工艺设计并制造了一种全尺寸螺旋桨叶片原型件（图4），实现了低成本、自动化、高性能的环保制造。利用复合材料取向特性提供关键性能和强度，同时最大限度地发挥轻量化特性优势，实现了叶片整体减重。整个过程是全自动化实现的，全面减少了制造过程中产生的缺陷。此外，通过复杂的数据模型，该项目实现了全系统级空气动力学和声学性能改进，并通过创建数字线索为大数据的使用奠定了基础。

图 4　全尺寸热塑性螺旋桨叶片原型件

对于大型航空部件，荷兰宇航中心在 2021 年 6 月制成"洁净天空 2"项目"多功能机身演示器"（MFFD）的最大结构件。这一长 8.5 米、直径 4 米的单体飞机部件也是世界上已知的最大单体热塑性材料成形件。在制造过程中，联合团队应用了荷兰宇航中心最先进的自动纤维铺设技术，下半部分原位固化，上半部分通过热压罐固化，充分验证了热塑性材料和自动纤维铺设技术对于制造飞机蒙皮、加强筋/底梁/机舱/舱门等结构件方面的通用性，这一试验项目的成功，开创了大型热塑性复合材料结构件制造的先河。

（四）3D 数字化生产

面向未来高性能飞行器和低成本无人机等新需求，复合材料增材制造成为美国空军关注的焦点。2021 年 4 月，美国连续复合材料公司宣布完成了美国空军研究实验室为期 2 年的"面向制造的机缘结构设计"（WiSDM）合同项目，成功为洛克希德·马丁公司制造了一副低成本可消耗飞机的机翼。该机翼采用创新的结构设计范式和翼梁连续纤维 3D 打印（CF3D）、翼肋长纤维注射成型、增材制造工装、蒙皮自动纤维铺放、自动钻孔和机器人装配等制造工艺,显著减少了可消耗机体结构的成本和交付周期,最终制造的完整翼盒在静力试验中成功通过了160%的设计极限载荷。CF3D是一种自动化的复合材料增材制造解决方案,可用于制造强度高、重量轻的航空航天级复合材料部件,通过将高性能连续纤维与快速固化热固性树脂相结合,可以提高复合材料零件制造效率,大大降低成本并缩短交货时间。

(五)基于先进通信技术的物联化生产管理

2021年4月,由英国数字工程技术与创新(DETI)组织、英国电信和东芝公司创建的英国首个工业量子安全网络,在2个月的试用期内成功地使用量子密钥分发(QKD)共享远程制造的实时数据。项目团队在英国国家复合材料中心和建模与仿真中心之间部署了覆盖范围达7千米的量子安全网络,通过使用标准光纤基础设施和专用路由,成功对英国国家复合材料中心的复合材料机床进行了远程操作,该型复杂机床可用于制造精密的中空航空发动机叶片。

英国国家复合材料中心正在研究在工业环境中最具成本效益的5G部署方法,以及制造业专用移动网络的新业务模式,并开展使用交互式增强现实和虚拟现实改善复合材料制造中的设计、培训和维护;使用网络拼接来实时跟踪跨越室内外多个工厂以及跨越国界的关键资产;使用5G超可靠低延迟通信来监视和管理工业系统等三个用例,以提高复合材料设计和制造的生产速度和效能。

三、机遇与挑战

复合材料4.0的意义不仅仅是提高效率和降低成本,也是航空制造商思考如何改变生产模式的机遇。新一代航空装备的复合材料用量普遍超过

50%，绝大部分是碳纤维树脂基复合材料，而新一代装备普遍具备高可靠、低可探测等特性，低成本可消耗需求也逐渐增加，对复合材料构件制造的质量、进度和成本要求不断提升。新冠病毒的大流行突出了灵活生产的价值，面对各行业变得越来越分散的市场，提供新的在线生态系统可以使整个供应链更具竞争力。除了物料和资产跟踪、协作机器人、先进工艺流程链等因素外，对本体的需求不可忽略，也就是数字通信和数据交换的术语和通用协议。对于庞大的全球供应网络，具备统一的标准要求是数字化供应链运作的基础。例如，德国航空航天中心和欧洲航空安全局等组织正在努力探索如何使用数字孪生和交互式材料数据库来减少每个航空航天公司现在正在单独开发的数据量。同时，设计制造工具、检测方法、认证模式等也需紧跟并适应新材料新技术的发展步伐。

（中国航空工业发展研究中心　阴鹏艳）

美国国防系统推动形成世界一流碳化硅衬底制造能力

2021年12月,在美国国防部举办的年度国防制造会议上,美国空军研究实验室牵头的"大直径碳化硅衬底开发"项目,因实现了200毫米碳化硅衬底的低成本高质量制造而获得"基础加强"类国防制造技术成就奖。20多来年,美国国防部系统通过《国防生产法案》第三篇计划、宽禁带半导体技术计划、小企业创新研究计划、制造技术计划等持续支持碳化硅技术发展,推动美国形成世界一流的碳化硅衬底制造能力。

一、碳化硅衬底概述

(一) 基本概念

碳化硅(SiC)是一种宽禁带半导体材料,具有独特的电学性能、物理性能和热学性能,可广泛用于电子和光学领域。相比前两代半导体,宽禁带半导体可在更高电压、频率、温度、功率条件下运行。碳化硅共有250多种晶型,三种常见的碳化硅晶型分别是6H碳化硅、4H碳化硅和3C碳化硅。晶型符号由数字+字母表示，其中数字表示一个周期内 Si–C 双原子层数，字母表示晶型，"C"代表立方晶型，"H"代表六角晶型。

按照衬底电学性能的不同，碳化硅衬底分为两类：一类是具有低电阻率的导电型碳化硅衬底；另一类是具有高电阻率的半绝缘型碳化硅衬底。导电型碳化硅衬底用于同质外延器件结构，通过在导电型碳化硅衬底上生长碳化硅外延层，制得碳化硅同质外延片，可进一步制成肖特基二极管或金属氧化物半导体场效应晶体管（MOSFET）等功率器件。半绝缘型碳化硅衬底用于制造氮化镓射频器件，通过在半绝缘型碳化硅衬底上生长氮化镓外延层，制得碳化硅基氮化镓外延片，可进一步制成高电子迁移率晶体管（HEMT）等微波射频器件。

（二）早期发展

碳化硅（SiC）作为半导体材料的研究始于早期晶体管发展的初期。1955 年，Lely 提出了一种高质量 SiC 单晶的生长方法。为了克服 Lely 方法中存在的问题，1978 年，苏联科学家泰罗夫（Tairov）和茨韦特科夫（Tsvetkov）首先提出了通过引入籽晶的升华法来生长 SiC 单晶，使得 SiC 晶体生长迎来了高速发展，后称该方法为籽晶升华法或改良 Lely 法，又称为物理气相输运（PVT）法。1987 年，美国北卡罗来纳州立大学（NCSU）宣布采用籽晶升华法成功生长出 SiC 晶体，并于同年 7 月成立了科锐（Cree）公司，专门开展 SiC 晶体生长和 SiC 晶片的商业化生产。科锐公司于 1991 年推出了 25 毫米 6H–SiC 衬底（图 1），成为首家提供商业化碳化硅衬底的公司，1998 年又推出 50 毫米 4H–SiC 衬底。

除科锐公司之外，在 20 世纪 90 年代初期，西屋科技中心和先进技术材料公司（ATMI）也都积极参与碳化硅的研发。早期的碳化硅升华生长研究存在难以克服的技术挑战，包括微管、掺杂、多型控制、扩径和晶体缺陷等。尽管有多个供应商生产碳化硅衬底,但衬底价格高昂,且微管密度高于 100 个/厘米^2。推动碳化硅衬底实现更广泛的商业化,需要提高碳化硅衬底质量,同时降低成本。

图 1　科锐公司 25 毫米 6H–SiC 衬底和 6H–SiC Lely 晶片

二、美国国防系统多渠道支持碳化硅衬底技术发展

碳化硅基氮化镓高电子迁移率晶体管是目前用于高功率、微波/毫米波频率的射频功率放大器技术的首选。碳化硅基氮化镓高电子迁移率晶体管能够整合防御雷达、电子战和有源多功能电子扫描阵列通信的射频功能。碳化硅基氮化镓功率放大器技术对于部署下一代 5G 电信基础设施至关重要。碳化硅的优异导热性使高功率密度得以有效消散,最大限度地减少器件的自热。美国国防部在氮化镓射频放大器、功率电子器件和碳化硅功率开关器件方面的发展和转型对低成本、高质量、大直径碳化硅衬底提出需求。

(一)《国防生产法案》"第三篇计划"及 DARPA "宽禁带半导体技术计划"支持碳化硅衬底技术发展

1999 年,美国《国防生产法案》"第三篇计划"为美国碳化硅行业提供了急需的启动资金，美国空军授予科锐、斯特林和利顿－埃尔特隆（Litton－Airtron）等3家公司成本分摊合同，目标是将碳化硅衬底直径扩大至75毫米，并提高晶体质量。2000年12月，Litton－Airtron被诺斯罗普·格鲁曼公司收购。2001年底，Litton－Airtron的碳化硅研发部门又被贰陆（Ⅱ－Ⅵ）公司收购。《国防生产法案》"第三篇计划"的支持是推动碳化硅衬底技术发展的关键，使得碳化硅行业能够响应美国国防高级研究计划局（DARPA）"宽禁带半导体技术计划"对碳化硅衬底直径和质量的苛刻要求。

2002年，DARPA启动并实施了"宽禁带半导体技术计划"（WBGST1），推动宽禁带半导体技术发展。该计划分三个阶段进行，第一阶段（2002—2004年）高度关注宽禁带半导体材料开发，加速改进碳化硅等宽禁带半导体材料特性，生产100毫米高质量碳化硅衬底。科锐和斯特林公司均获得了DARPA的相关合同，目标是将N型和半绝缘型碳化硅衬底直径扩大到100毫米，并将微管密度降低到1个/厘米^{2}以下。2002年，在获得DARPA合同的几个星期后，斯特林的母公司就申请破产，导致关键技术人员外流。道康宁（Dow）公司立即收购了斯特林公司，才得以完成DARPA的合同，但远未达到合同的计划目标。

交叉偏振图像可对晶体相对质量进行无损评估。2002年，科锐、道康宁（Dow）、贰陆公司的N型和半绝缘型碳化硅衬底交叉偏振图像分别如图2、图3所示。从图中可以看出，早期的4H N型碳化硅衬底质量远高于半绝缘型碳化硅衬底质量，科锐公司的碳化硅衬底质量明显优于竞争对手。

2005年，DARPA对碳化硅衬底开发的支持基本结束。随后，DARPA将投资主要集中在碳化硅功率开关和氮化镓射频器件上。DARPA"宽禁带半导体技术计划"运行近十年,对于建立强大的碳化硅和氮化镓工艺基础框架至关重要。

图2 科锐公司75毫米、道康宁公司75毫米、贰陆公司50毫米4H N型碳化硅衬底交叉偏振图像(2002年)

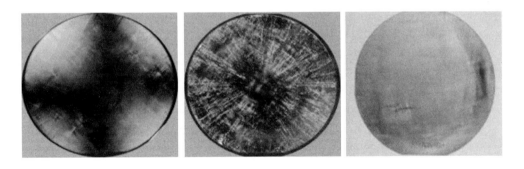

图3 科锐公司75毫米、道康宁公司75毫米、贰陆公司50毫米半绝缘型碳化硅衬底交叉偏振图像(2002年)

DARPA"宽禁带半导体技术计划"停止资助后,《国防生产法案》"第三篇计划"继续推动碳化硅衬底的发展,通过提供超过7500万美元政府资金,与科锐(现名"Wolfspeed")、雷声、诺斯罗普·格鲁曼和超群半导体(Triquint,现名"威讯联合半导体"(Qorvo))公司合作,以提高第一代氮化镓高电子迁移率晶体管的可制造性。这些研究工作在继续刺激对高质量、低成本碳化硅衬底需求的同时,提高了碳化硅基微波/毫米波单片集成电路的制造成熟度,为其在军事领域的应用奠定基础。

(二) 美国空军研究实验室持续支持贰陆公司发展碳化硅衬底制造技术

21世纪初期,科锐公司持续在碳化硅衬底技术开发和生产方面处于领先地位。碳化硅衬底制造能力对碳化硅和氮化镓器件技术的长期发展和商业化至关重要。美国认为,碳化硅衬底只有单一供应商,可能会阻碍产业的发展。为了培育碳化硅衬底新的供应商,提升碳化硅衬底制造能力,美国空军研究实验室于2003—2017年授予贰陆公司4份合同(表1),总价值超过5400万美元。

表1 美国空军研究实验室与贰陆公司的4份合同概要

合同号	周期	经费/百万美元
F33615-03-C-5420	2003年6月至2009年6月	7.86
FA8650-05-C-5400	2004年12月至2010年12月	13.47
FA8650-11-2-1063	2010年11月至2017年5月	20.64
FA8650-17-2-1727	2017年3月至2022年3月	12.27

1. 2003年6月至2010年12月

2003年,美国空军研究实验室与贰陆公司签订首份合同。该合同主要目标是将4H N型碳化硅衬底的直径扩大到100毫米。贰陆公司依靠其先进物理气相输运(APVT)碳化硅晶体生长专利工艺,扩大现有的50毫米4H N型碳化硅衬底直径。2004年,美国空军研究实验室与贰陆公司签订了另一份合同,由美国导弹防御局与空军研究实验室共同出资,旨在将半绝缘型碳化硅衬底直径扩大到100毫米。2005年,贰陆公司100毫米半绝缘型6H碳化硅衬底边缘区域布满成形晶粒和其他缺陷(图4),微管密度达到117个/厘米^2。

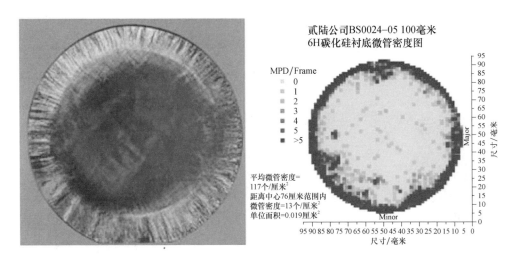

图 4 贰陆公司 100 毫米半绝缘型 6H 碳化硅衬底
交叉偏振图像（左）和微管密度图（右）

在支持贰陆公司的同时，美国空军研究实验室从 2003 年开始成功利用 DARPA 和导弹防御局小企业创新研究计划，支持 Intrinsic 公司开发碳化硅技术。Intrinsic 公司是在斯特林公司被道康宁公司收购后，由原斯特林公司的关键人员组建的。在成立不到 2 年的时间内，Intrinsic 公司就成功地验证了高质量的 100 毫米碳化硅衬底。2005 年 9 月，Intrinsic 公司率先推出了零微管 4H N 型碳化硅衬底（图5）。基于此，科锐公司于 2006 年 7 月收购了 Intrinsic 公司。2007 年，科锐公司宣布验证了 100 毫米零微管 4H N 碳化硅衬底、100 毫米半绝缘型碳化硅衬底的商业可用性。

在执行美国空军研究实验室的前两份合同期间，贰陆公司将碳化硅晶体直径从 50 毫米扩大到 100 毫米，并发布了 100 毫米 4H N 型碳化硅衬底和半绝缘型碳化硅衬底。图 6 显示了 100 毫米半绝缘型 6H 碳化硅衬底交叉偏振图像和微管密度的改进。X 射线晶格曲率从大约 2.5°降低至 0.01°～0.04°，摇摆曲线半高宽（FWHM）从大约 200″降低至 14″～27″。微管密度

（MPD）从 100~200 个/厘米² 降低至最低 0.06 个/厘米²。使用钒补偿使平均电阻率大于 1×10^{11} 欧·厘米，基于电阻率的产率接近 100%。100 毫米 4H N 型碳化硅衬底也取得了类似的改进成就（图7）。

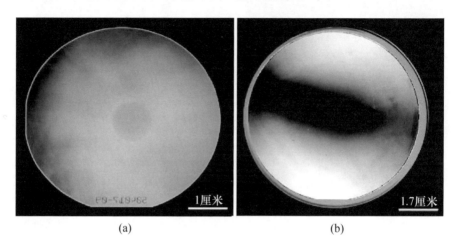

图5　Intrinsic 半导体公司零微管 4H N 型碳化硅衬底交叉偏振图像

（a）直径 50 毫米；（b）直径 75 毫米。

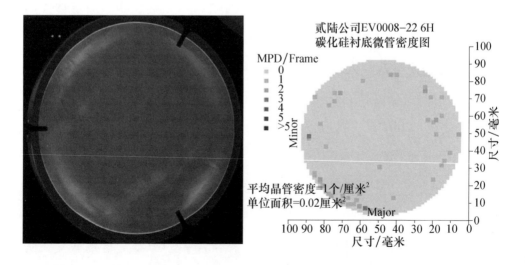

图6　贰陆公司 100 毫米半绝缘型 6H 碳化硅衬底交叉

偏振图（2010 年）和微管密度图

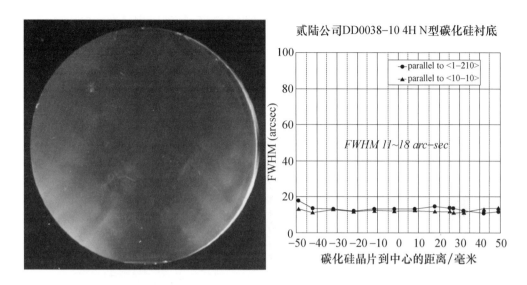

图 7　贰陆公司 100 毫米 4H N 型碳化硅衬底交叉偏振图（2010 年）

在贰陆公司迎头赶上的同时，科锐公司先后在 2007 年推出 100 毫米半绝缘型碳化硅衬底、2010 年推出 150 毫米 4H N 型碳化硅衬底，继续加速碳化硅的广泛应用。

2. 2010 年 11 月至 2017 年 5 月

2010 年 11 月，美国空军研究实验室与贰陆公司签订迄今为止价值最大的合同。该合同实行 1∶1 成本分摊，其中政府出资超过 2000 万美元，重点是开发 150 毫米 4H N 型和半绝缘型 6H 碳化硅衬底并实现其商业化，同时继续将碳化硅衬底直径扩大到 200 毫米。获得资助后，贰陆公司在设施和设备上投入了大量资金，包括扩建新泽西州工厂，并且在密西西比州建立两个制造工厂。

贰陆公司将其先进物理气相输运（APVT）和轴向梯度传输（AGT）晶体生长技术相结合，实现了 150 毫米和 200 毫米高质量碳化硅单晶的目标。该公司分别在 2013 年和 2014 年展示了无微管 100 毫米 6H 半绝缘型碳化硅衬底和150毫米4H N型碳化硅衬底（图8），并于2015年7月演示验证了200毫米4H N型碳化硅衬底（图9）。贰陆公司碳化硅衬底扩径历程如图10所示。

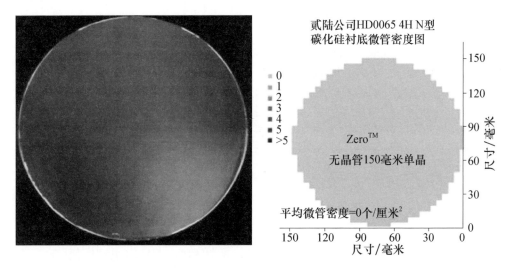

图8　贰陆公司150毫米4H N型碳化硅衬底交叉偏振图与微管密度图

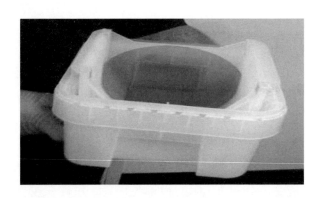

图9　贰陆公司2015年演示验证的200毫米4H N型碳化硅衬底

在合同执行期间，贰陆公司碳化硅晶体质量和位错密度得到了显著改善，同时量产能力有了明显提高，还在宾夕法尼亚州伊斯顿的工厂形成了额外的制造能力。

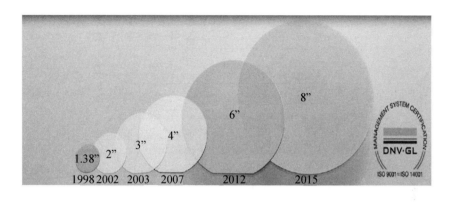

图 10　贰陆公司碳化硅衬底扩径历程

3. 2017 年 3 月至今

2017 年 3 月，美国空军研究实验室授予贰陆公司第四份合同。该合同为期 5 年，实行 1∶1 的成本分摊，政府资助 1200 万美元，重点是提高制造效率、减少缺陷和降低成本，以生产和制造 200 毫米 4H N 型碳化硅衬底和半绝缘型碳化硅衬底。贰陆公司制定并实施了提高碳化硅衬底可生产性和质量的战略，使用新的全自动生长平台实现无缺陷大直径晶体生长，并成功将 200 毫米 4H N 型碳化硅衬底的位错密度降低到 1881 个/厘米^2。半绝缘型碳化硅衬底是制造高性能氮化铝镓/氮化镓晶体管的首选衬底。2019 年 10 月，贰陆公司在业界首次演示验证了 200 毫米 6H 半绝缘型碳化硅衬底的低成本高质量制造，实现了 200 毫米碳化硅工艺制造规模化，并将其制造成熟度提高到 8 级以上，错位密度降低了 83%，碳化硅衬底产量增加了 3 倍。

三、结束语

在 20 多年里，美国国防系统在宽禁带半导体领域投入大量资金，推动碳化硅半导体技术发展与商业化，催生了全新的美国碳化硅衬底行业，为推动宽禁带半导体技术的军事应用奠定了基础。半导体是最先进军事系统的基础，美国的F/A-18战斗机、"萨德"地基导弹系统均已装备了碳化硅衬底外延氮化镓高电子迁移率晶体管。未来随着碳化硅衬底向大尺寸方向的发展，以及成本、质量、产能等碳化硅衬底制造核心壁垒的不断打破，碳化硅衬底制造能力不断得到提升。一是对美国国防部下一代干扰机、三维远征远程雷达、水面电子战改进计划等多个雷达和电子战系统至关重要；二是为美国建立有弹性和竞争力的半导体供应链奠定重要基础。

（中国兵器工业集团第二一〇研究所　苟桂枝）

FULU

附 录

2021年先进制造领域科技发展十大事件

一、美国成功开发世界首个2纳米芯片制造工艺

2021年5月,美国IBM公司在芯片制程工艺上取得重大突破,开发出全球首个2纳米芯片制造工艺,创造了半导体制造的新里程碑。这种工艺首次使用底部介电隔离技术、内部空间干燥工艺、2纳米极紫外光刻技术等,对原有晶体管技术进行改善,实现2纳米芯片每平方毫米集成约3.33亿个晶体管,是台积电5纳米制程(1.73亿个晶体管/毫米^2)的1.9倍、三星5纳米制程(1.27亿个晶体管/毫米^2)的2.6倍;相比7纳米芯片,同功率下性能提升45%,同性能下功耗降低75%。2纳米晶圆如图1所示。

IBM的2纳米制程芯片是迄今为止集成度最高、功能最强大的芯片,在加快应用程序处理速度、快速接入互联网、提高目标检测速度、降低处理器能耗等方面具有优势,有助于提升军用电子系统性能。芯片已经成为地缘政治、经济竞争和国家安全的核心,随着IBM制造出2纳米芯片,美国又将处于芯片制造领域全球领先地位。

图 1　2 纳米晶圆

二、DARPA 启动太空生物制造基础创新研究

2021 年 11 月，DARPA 启动"生物制造：地外生存、效用和可靠性"（B-SURE）项目（图 2），开展利用原位资源进行地外生物制造的生物学基础创新研究，确定太空生物制造的可行性。项目重点开展三项关键技术研究：一是替代原料利用，将确定宿主生物可以消耗的替代原料（如二氧化碳、人类废物和月壤）种类、数量和纯度水平；二是可变重力，确定可变重力在生物制造中对细胞性能的影响；三是可变辐射，确定可变辐射在生物制造中对细胞性能的影响。该项目还将在复制重力和辐射特性的地面模拟环境下，进行地外环境发酵性能预测能力评估，并利用项目数据开发经济模型，确定太空生物制造的效用。

生物制造具有生产对国家安全至关重要的分子和材料的巨大潜力，可减少对传统化石燃料的依赖。探索太空生物制造可行性，利用生物系统制造太空在轨操作材料，对于美国国防部发展天基按需制造能力、确保供应链弹性和持续的技术优势、支持未来的太空军事行动具有重要意义。

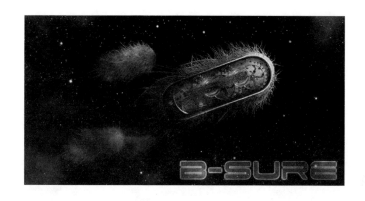

图 2　B – SURE 项目

三、美国设立新一代武器系统数字工厂

2021 年，洛克希德·马丁公司基于"任务驱动的转型"战略，建设 4 家数字工厂，以实现美军新一代武器系统高效经济制造。"航天器试验、组装和资源"中心接入了"智能工厂框架"网络，整合增强/虚拟现实工具，主要用于扩大美国国家航空航天局（NASA）"猎户座"航天器的生产规模。"臭鼬工厂"智能工厂接入了"智能工厂框架"网络，并融合了先进制造环境和柔性的工厂结构，如图 3 所示，集成了机器人、人工智能和增强现实技术等人工智能制造手段，主要用于高密级武器系统生产。高超声速导弹装配大楼计划于 2022 年接入"智能工厂框架"网络，集机器人喷涂、智能扭矩工具、人工智能、增强现实和基于模型的数据应用等技术，为生产环节构建数字线索，用于美国陆海空军高超声速武器生产。"打击"系统具备先进的工厂仿真、增强现实、机器人喷涂等技术，计划于 2022 年接入"智能工厂框架"网络，主要为美国空军生产联合空对地防区外导弹。

数字工厂是智能、柔性工厂和数字集成生产设施的深度融合。新建 4 家数字工厂全面集成了先进技术，覆盖航天器、高超声速导弹和联合空对地防区外导弹等武器，是对美军先进武器系统工业基础和供给能力的进一步强化，为武器系统快速、敏捷制造奠定了基础。

图3 "臭鼬工厂"智能柔性工厂

四、数字工程在多型武器系统研发与制造中取得应用进展

2021年，数字工程在美日多种武器系统和作战系统设计、生产与保障中取得应用进展。美国一是将数字工程用于"陆基战略威慑"洲际弹道导弹系统、高超声速武器、"可选有人战车"（图4）、海军综合作战系统等快速开发；二是将数字工程用于F-16生产线重建，以降低生产成本，提高质量；三是空军通过460亿美元的数字工程合同，来获得数字工程、基于模型的系统工程、敏捷流程、开放系统体系架构等服务。日本防卫省计划应用数字工程来提高下一代战斗机F-X的设计、研制、生产和维护的质量和效率。

作为一种在虚拟环境中进行设计、开发、制造和测试的综合分析方法，数字工程用于武器系统，核心是在武器系统从方案设计到退役处置全生命周期应用数字模型、数字线索和数据,实现缩短研制升级周期、改善生产质量、降低采办成本、提高维保效率的目的,可确保快速、高质量向作战人员提供增量能力,同时适应不断变化的作战环境,应对战场威胁。

图4　数字工程用于美国陆军"可选有人战车"设计

五、美国陆军启动世界最大金属增材制造系统建设

2021年4月,美国陆军启动"无接缝车体增材制造"项目,目标是通过对现有增材搅拌摩擦沉积技术进行升级、克服控制软件与特殊金属加工系统和大型龙门架集成的技术障碍,开发世界最大的金属增材制造系统,用于生产净尺寸达9.144米×6.096米×3.658米的整体无接缝战车车体等大型复杂战车结构件。新系统成形尺寸远超现有采用相同工艺增材制造设备的最大成形尺寸(2.08米×1.09米×0.991米),计划于2022年第四季度建成安装在岩岛兵工厂卓越制造中心,用于制造大型复杂军用地面车辆结构件,以及潜艇部件、机身、弹药等的研制和维修。

"无接缝车体增材制造"项目将极大地扩展增材制造成形尺寸范围，提高大型军用车辆部件的制造能力，实现战车车体整体成形，进而缩短研制周期，降低生产成本，减轻重量，提高战车性能及战场生存能力，同时提高供应链弹性。大型金属增材制造系统渲染图见图5。

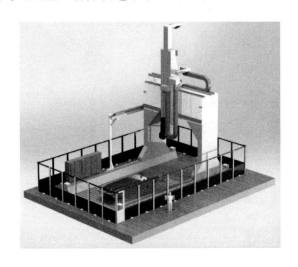

图5 大型金属增材制造系统渲染图

六、微型高分辨率聚合物转化陶瓷3D打印取得突破

2021年5月，在DARPA"曲面红外成像仪焦阵列"项目资助下，美国休斯研究实验室在基于投影微立体光刻技术的超高分辨率微型3D打印机上，开发了聚合物转化陶瓷3D打印工艺，采用低黏度陶瓷前驱体树脂，打印出具有直径小于10微米的斜通孔和弯通孔的陶瓷内插件（图6），通孔打印分辨率为2微米、纵横比大于200∶1，突破了集成微电子器件封装的尺寸和分辨率极限。

通孔是集成电路绝缘层中允许导电连接的小开口。新技术实现了斜通

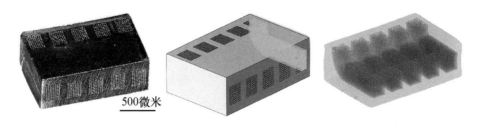

图 6　带弯通孔的 3D 打印陶瓷件

孔、弯通孔制造,克服了传统半导体加工方法只能制造直通孔的限制,为微电子系统三维集成的复杂电气布线提供多种可能,突破了更小、更轻、更节能系统设计目前受电气布线和封装限制的瓶颈,对于改进红外摄像机和雷达接收机等微电子系统的三维集成,进而在减轻光学器件重量、缩小体积和降低成本的同时,提高军用成像系统的性能方面发挥重要作用。

七、美国海军成功研发远程操控焊接系统

2021 年 5 月,在美国海军支持下,爱迪生焊接研究所研发的远程操控焊接原型系统完成演示验证,可实现远程操控焊接设备的清洁和安全焊接作业。远程操控焊接系统集机械制造、自动控制、传动检测、信息处理、人工智能等技术于一体(图 7),解决了焊缝环境实时数字化扫描、现场视频和音频信号实时采集、焊接操作员动作捕捉、远程机器实时响应等关键技术难题,可依托高速局域网或互联网实施远程焊接操作。

远程操控焊接系统将颠覆现有焊接模式,营造安全清洁作业环境,有效解决舰船狭小空间、船底黑暗危险区域、核辐射环境下、水下施工和维修等武器系统恶劣环境和复杂空间位置焊接难题,提升焊接质量和效率并降低焊接成本,加速交付武器系统,降低武器系统制造与维修成本。

图 7　机器人焊接系统

八、DARPA"变革性设计"项目开发出新算法和设计工具

2021年1月,DARPA宣布"变革性设计"项目结束,在算法和设计工具方面取得突破性创新成果(图8)。在算法方面,该项目开发了自动推荐优化设计参数的机器学习算法、减少仿真数量并提高仿真效能的算法、加速软体机器人设计的多功能仿真库;在设计工具方面,开发了超复杂结构高保真计算机辅助设计(CAD)工具,该工具包括设计空间的探索与优化模块、多尺度材料建模与仿真模块、晶格结构设计模块。

"变革性设计"项目于2016年4月启动,旨在研究数学方法、开发计算工具,解决"传统计算机辅助设计和物理建模难以满足当前产品性能和结构复杂度大幅提升"的问题。该项目成果可充分利用先进材料、增材制造等新兴工艺优势,为探索新兴制造方式、发挥材料潜能、设计制造超复杂结构等提供强有力的技术手段;可消除新兴制造技术用于复杂武器系统和平台的设计技术瓶颈，缩短研制周期，降低研制成本，并有助于提高系统和平台性能。

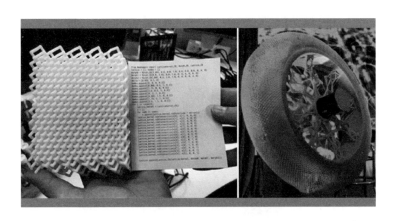

图 8　复杂晶格结构及代码（左），晶格结构轮胎（右）

九、热塑性复合材料自动铺丝速率突破每分钟百米

2021 年 1 月，美国自动化设备制造商电子碰撞公司利用英国维格斯公司的最新热塑性复合材料验证了其创新自动铺放设备性能，单向带的自动铺放速率从原来的 50～60 米/分钟提升至 101.6 米/分钟；9 月，该公司又利用日本东丽公司的先进热塑性复合材料验证了设备性能。

自动铺丝技术可实现热塑性复合材料原位固结成型，显著提高生产效率和构件质量，降低能耗和生产成本，已用于制造中小尺寸航空航天热塑性复合材料构件。电子碰撞公司通过研制可变光斑尺寸激光加热系统、设计特殊压辊结构、优化龙门台架系统结构、开发激光功率自适应控制方法等对现有龙门台架式自动铺丝系统进行了改进，实现了大型热塑性复合材料构件高效成型。这一突破为热塑性复合材料在大尺寸航空航天结构件中的应用奠定了重要基础。图9为集成可变光斑尺寸激光加热系统的铺丝头。

图9 集成可变光斑尺寸激光加热系统的铺丝头

十、军用航空发动机金属增材制造部件首获美国空军适航资格

2021年6月,通用电气公司宣称,F110喷气发动机增材制造油底壳盖的工程更改建议已获美国空军批准,将采用增材制造的钴铬油底壳盖替代传统铸造铝合金油底壳盖(图10)。与传统制造相比,采用增材制造技术,油底壳盖交付时间从18个月缩短至3个月,缩减83%。

F110发动机油底壳盖是首个使用金属增材制造设计和生产,并通过美国空军适航鉴定的军用发动机部件,为更多军用增材制造部件的适航鉴定奠定了坚实的基础,对于美国空军探索金属增材制造部件的适航鉴定路径、形成金属增材制造能力、推广金属增材制造技术应用、提高战备和持续保障能力、降低供应链风险具有里程碑意义。

图 10　F110 喷气发动机增材制造油底壳盖

（中国兵器工业集团第二一〇研究所　苟桂枝）

2021 年先进制造领域科技发展大事记

美国 Optomec 公司推出新型微电子 3D 打印机　1 月 13 日，Optomec 公司宣布推出突破性先进电子封装解决方案——气溶胶喷射 HD2，以满足移动与可穿戴产品的微型化需求。气溶胶喷射 HD2 可生产高分辨率电路，具备在裸片、芯片、组件和基板之间分配共形三维互联器件的能力，使得在高频下的性能得到改善，特别是对于 5G 和毫米波应用，可取代已有几十年历史的引线键合电气元件连接方法，解决引线键合存在的易产生废料、抑制高频毫米波信号等缺陷。

法国海军"埃里丹"级猎雷艇配装世界最大金属 3D 打印螺旋桨　1 月 13 日，今日海军网站报道，采用金属 3D 打印技术制造的新一代螺旋桨已安装在法国海军"埃里丹"级猎雷艇"仙女座"号上，开始随舰执行作战任务。该螺旋桨跨距 2.5 米，含 5 个重 200 千克的叶片，采用法国海军集团开发的金属熔丝沉积工艺制造，可提高推力效率，提高隐身性能和实现轻量化，为舰船提供更大海上效能。

DARPA"变革性设计"项目取得重大成果　1 月 15 日，DARPA 宣布"变革性设计"项目结束，在数学算法和设计工具方面取得突破性创新成果，主要开发了自动推荐优化设计参数的机器学习算法，加速软体机器人设计的多功能仿真库，减少仿真数量、提高仿真效率和精度的算法，以及集成了设计空间探索与优化模块、多尺度材料建模与仿真模块、晶格结构设计模块的超复杂结构高保真设计 CAD 工具。这些工具有助于加速国防部平台设计速度，减少设计成本，快速响应不断变化的威胁和需求。

美国国防部发布《国防部增材制造战略》　1月，美国国防部发布《国防部增材制造战略》，旨在为增材制造技术研发与转移提供一套共享的指导原则和框架，支持国防部、各军种及国防机构的现代化，并提升作战人员战备水平。该战略由美国国防直属机构、各军种合作制定，围绕国防部使用增材制造的愿景，提出五大战略目标，并明确重点发展方向，为使增材制造迈入类似机械加工和铸造等普遍接受的技术领域确定路径。

热塑性复合材料自动铺丝速率突破每分钟百米　1月，美国自动化设备制造商电子碰撞公司利用英国维格斯公司的最新热塑性复合材料验证了其创新的自动铺放设备性能，单向带的自动铺放速率提升至 101.6 米/分钟。电子碰撞公司通过研制可变光斑尺寸激光加热系统、设计特殊压辊结构、优化龙门台架系统结构、开发激光功率自适应控制方法等对现有龙门台架式自动铺丝系统进行了改进，实现了大型热塑性复合材料构件高效成型。

DARPA 计划启动太空制造项目　2月5日，DARPA 计划启动"新型太空与月球制造、材料与大型高效设计"项目，开发在太空与月球建造大型结构的设计、材料与制造技术。该项目拟分三个阶段（每个阶段 18 个月）进行。第一阶段计划以 1 兆瓦太阳能电池阵列为例开展材料和设计概念验证，以实现严格的结构效率目标；第二阶段重点是提高技术成熟度、降低风险，在实现结构目标的同时，满足 1000 米直径射频反射器样件所需精度；第三阶段实现精度飞跃，使红外反射结构适用于分块拼接式长波红外望远镜。

拜登发布行政命令开展供应链审查评估 2月24日，美国总统拜登发布美国供应链行政命令，提出加强美国供应链弹性的政策。一是要求对半导体、关键矿物和材料、药品及其成分、先进电池等四种关键产品进行为期100天的审查；二是启动未来一年对国防部、卫生和公共服务部、商务部与国土安全部、能源部、运输部等部门的工业基础进行长期评估工作，旨在加强美国供应链弹性、多样性和安全性，确保美国经济繁荣和国家安全。

美国陆军基于人工智能开发新技术加速3D打印部件快速开发 3月9日，美国陆军研究实验室与克莱姆森大学、3D系统公司合作开发新技术，一是创建人工智能增强的"数字生命周期平台"，助力生产工程师更快速低成本设计、分析和制造具有嵌入式多功能性的大型复杂形状部件；二是开发包括金属、塑料和复合材料的原材料数据库，将其用于训练人工智能并构建潜在的新型原料的数字模型；三是研究原位检测新方法，以及从每层收集的数据实现构建过程可视化的方法，旨在实现未来地面车辆、空中平台和弹药的新3D打印组件的快速开发。

美国空军联合先进制造机器人创新机构开展定向新技术项目研究 3月17日，美国先进制造机器人创新机构针对美国空军研究实验室的特定应用需求，通过定向项目征集流程，遴选出"面向机器人热喷涂的虚拟零件维修编程""保障自动遮蔽""柔性钻孔系统""柔性太阳能面板自动化制造技术"等四个新机器人制造技术研究项目，旨在显著降低武器系统的制造与维护成本、缩短周期，并提高其可用性。

DARPA开展国防芯片安全制造技术研究 3月18日，DARPA公布实施名为"自动实现应用的结构化阵列硬件"项目，旨在扩大美国国内制造能力，实现国防系统定制芯片的安全开发。英特尔公司牵头与佛罗里达大学、马里兰大学和得州农工大学合作，依托于美国前沿的国内制造能力，实现国防相关现场可编程门阵列设计向可量化、安全的结构化定制芯片的自动化可扩展转化。此外，该项目还将探索新型芯片保护技术，研究防止逆向工程以及伪造攻击的安全对策，以支持零信任环境下的硅晶产品制造。

美国国家国防制造与加工中心获3项2021制造业领导力大奖　3月25日，美国国家国防制造与加工中心及其合作伙伴因卓越制造获得三项制造业领导力大奖。"联合增材制造模型交换"（JAMMEX）项目利用现有基于政务云的数字资产管理应用程序，创建JAMMEX应用程序编程接口和3D打印零件数据库，获"人工智能和先进分析领导力"大奖；"发动机热管理系统共形风扇涵道换热器"项目建立了基线增材制造能力，验证了一种可重复的和可靠的增材制造换热器制造构建参数选择的规范性方法，获"工程与生产技术领导力"大奖；"复杂导弹导引头制造技术"项目为各种固定翼和旋翼平台上使用的复杂导弹导引头开发了更可靠、更经济的制造解决方案，获"卓越运营领导力"大奖。

美国陆军实现高强度镁合金增材制造工艺优化　3月29日，美国陆军研究实验室（ARL）称，与中佛罗里达大学合作，通过优化激光粉末床熔融工艺，获得了全致密（致密度>99%）的WE43镁合金增材制造构件，并通过改变单元晶格类型、支杆直径和单元晶格数量，研究了24种不同微晶格结构的构造、压缩属性和断裂模式。ARL计划进一步评估WE43镁合金在高应变率下的力学性能和弹道性能，并在超轻无人机系统和无人车辆组件中演示验证。该项研究有助于推动武器系统轻量化，减轻士兵负担，提高燃油效率，提升任务效能。

美国推出高超声速导弹自动化喷涂机器人生产线　3月，美国机器人集成系统商Aerobotix公司推出新一代高超声速导弹自动化生产线，可通过喷涂机器人扫描、打磨、喷涂和测量复杂导弹部件，使其达到高超声速飞行所需的临界公差。喷涂过程先由一个自动"形状保真扫描仪"记录每个部件的成品尺寸，并利用这些数据生成自定义打磨路径，以获得最佳涂层附着力；再通过一个防爆喷涂机器人在部件上涂覆烧蚀涂层，并利用非接触式测量工具记录湿涂层厚度，以确保涂层精度。

美国陆军开建世界最大金属增材制造系统 4月6日，美国陆军授予美国应用科学与技术研究组织"无接缝车体增材制造"项目合同，目标是通过对现有增材搅拌摩擦沉积等技术进行升级，克服将适当控制软件与独特金属加工系统、大型龙门架进行集成等技术障碍，开发世界最大的金属增材制造系统。新系统最大成形尺寸达9.144米×6.096米×3.658米，计划于2022年第四季度建成安装在陆军岩岛兵工厂卓越制造中心供陆军使用，以研制具有复杂几何形状的整体车体等军用地面车辆大型零件。作为国防部重要资产，新系统也供国防范围进行潜艇部件、机身、弹药和空间平台的研制和维修。

美国国防部联合制造创新机构发起高超声速挑战赛 4月20日，美国国防部与轻质材料制造创新机构共同发起高超声速挑战赛，针对高超声速飞行材料科学和制造工艺，围绕"建模仿真、集成计算材料工程工具开发""保证生产质量的先进制造方法""高超声速相关的高温复合材料及其原料的先进生产方法"三大主题进行项目征集，旨在发展、建立安全可靠的美国国内高超声速供应基础，推动国防部优先事项发展。

韩国计划新建 KF-21 战斗机智能工厂 4月23日，英国简氏防务称，韩国航空航天工业公司计划未来5年内投资8800万美元新建一个智能工厂，支持新型战斗机KF-21生产。该工厂为基于第四次工业革命数字技术的智能制造系统，通过实施智能生产系统，将生产、过程管理、技术、采购和质量控制等领域的数字化和分析任务结合起来，实现工作效率最大化。

美国 IBM 公司全球首次实现 2 纳米芯片制造 5 月 6 日,美国 IBM 公司称,在芯片制程工艺上取得重大突破,开发出全球首个 2 纳米芯片制造工艺,为半导体研发再创新的里程碑。这种工艺首次使用电介质隔离技术、内部空间干燥工艺、2 纳米极紫外光刻技术等,对原有晶体管技术进行改善,实现 2 纳米芯片每平方毫米集成约 3.33 亿个晶体管,是台积电 5 纳米制程(每平方毫米 1.73 亿个晶体管)的 1.9 倍、三星 5 纳米制程(每平方毫米 1.27 亿个晶体管)的 2.6 倍;相比 7 纳米芯片,同功率下性能提升 45%,同性能下功耗降低 75%。

微型高分辨率聚合物转化陶瓷 3D 打印取得突破 5 月 13 日,美国休斯研究实验室称,在 DARPA 资助下,利用投影微立体光刻技术突破了集成微电子器件封装的尺寸和细节限制。休斯研究实验室开发了聚合物转化陶瓷 3D 打印工艺,采用低黏度陶瓷前驱体树脂和超高分辨率、高通量投影显微立体光刻 3D 打印机打印了纵横比大于 200∶1 的直孔和弯孔阵列,以及包含复杂路由的分辨率为 2 微米的通孔,之后将其金属化,以连接不同的器件和集成电路,克服了传统化学蚀刻等半导体加工方法仅能制造直通孔的极限。

美国海军支持研发出远程操控焊接系统 5 月,在美国海军支持下,爱迪生焊接研究所研发的远程操控焊接原型系统完成演示验证。远程操控焊接系统解决了焊缝及周围环境条件实时数字化扫描,现场视频、音频信号实时采集,以及焊接操作员动作捕捉与远程机器实时响应等关键技术难题,集机械制造、自动控制、传动检测、信息处理、人工智能等技术于一体,依托高速局域网或互联网,经验丰富的焊接操作员坐在办公室,透过显示屏实时获取现场焊接位置的状态,并根据现场视频、音频反馈信号来移动触控装置进行远程焊接操作,现场焊接机器人按照工人的动作执行焊接操作。

美国政府发布关键产品供应链百日审查报告 6月8日,美国白宫网站发布"建立弹性供应链,振兴美国制造业,促进广泛增长——14017号行政命令下百日供应链审查"报告。该报告披露了半导体制造与先进封装、大容量电池、关键矿物与材料、药品和活性药物成分等4类关键产品的供应链审查结果,分析了造成供应链脆弱性的原因,提出了6项建议,包括采取的一系列举措,制定新的供应链战略等,旨在增强美国供应链弹性,建立关键产品的国内制造能力,解决现有的供应链脆弱性。

军用航空发动机金属增材制造部件首获美国空军适航资格 6月8日,通用电气公司称,F110喷气发动机增材制造油底壳盖的工程更改建议已获美国空军批准,将采用增材制造的钴铬油底壳盖替代传统铸造铝合金油底壳盖。与传统制造相比,采用增材制造技术,油底壳盖交付时间从18个月缩短至3个月,缩减83%。

美国国防部发布5000.93《增材制造在国防部的使用》 6月10日,美国国防部研究与工程副部长办公室发布国防部指示5000.93《增材制造在国防部的使用》。该指示就增材制造在国防部的实施和应用制定9项政策,明确相关职责,围绕采办中的增材制造、研究与工程、增材制造整合到供应链、数据管理、数据与设备安全、规范与标准、培训与教育以及协作等详细阐明了增材制造在国防部内实施和应用的规程和指南。

美国国防部完成对国防部增材制造系统网络安全的审查 7月7日,美国国防部总监察长办公室发布《国防部增材制造系统网络安全审查》报告。该报告描述了此次审查的目的、相关背景,以及对5个国防部门的73台增材制造设备和46台计算机进行审查的结果,阐明存在的问题,并提出相关建议。此次审查旨在确定国防部各部门是否对增材制造系统进行安全保护,以防止未经授权的变更,确保设计数据的完整性。

附录

洛克希德·马丁公司航天器测试、装配和资源中心开放　7月15日，为增强NASA"猎户座"航天计划的制造、组装和测试能力，洛克希德·马丁公司开放了航天器测试、装配和资源中心。该中心全面配备先进的数字技术、制造技术，能够实现对设备的远程访问、监控，还配备了虚拟/增强现实等智能工具，集成了智能工厂框架，通过对设备的虚拟连接来简化生产，并最大程度地提高制造敏捷性。

美国国家增材制造创新机构启动新一轮快速创新项目征集　8月3日，美国空军研究实验室支持美国国家增材制造创新机构围绕六个技术领域开展技术创新，旨在进一步推动增材制造技术发展成熟。一是通过原位监测方法了解增材制造过程中断；二是利用现有增材制造数据创建增材制造零件族，增加公共领域内经过验证的增材制造数据数量，并制定产品鉴定与认证标准；三是应用混合增材制造方法弥补增材制造中的各种材料和产品缺陷；四是影响活性金属增材制造原位熔池温度测量的瞬态现象表征；五是通过提高薄壁和支柱结构的可加工性，推动增材制造的轻量化设计；六是利用物联网技术，优化增材制造流程，提升增材制造产品性能。

美国陆军实现战车大型铝合金车体机器人自动化焊接　8月13日，英国BAE系统公司称，在美国陆军制造技术计划支持下，开发出自适应高能埋弧焊机器人敏捷制造单元。该焊接单元包括用于厚板高质量、少道次焊接的高能埋弧焊机器人，可将多吨位车辆结构操纵到理想位置的大型多轴定位系统，处理多种焊接相关任务的多机器人末端执行器，易于快速更换零件的柔性车辆构件夹具，以及实时监测和调整焊接参数的传感器套件。该焊接单元已成功用于美国陆军M109A7自行榴弹炮和配套的M992A3弹药补给车，以及装甲多用途车辆大型铝合金车体焊接。

美国陆军构建增材制造数字线索　8月24日，美国陆军企业信息系统项目执行办公室后勤现代化计划通过从面向战备的增材制造部件存储库迁移 325 个数据集完成了陆军增材制造数字线索构建，并于 2021 年 9 月开始实施。增材制造数字线索供陆军相关授权用户访问使用，包括项目和产品经理、作战能力发展司令部、陆军装备司令部总部及其生命周期管理司令部、建制内工业基础、前线士兵，为提交增材制造备选件、获取增材制造评估状态、提交增材制造技术数据请求、访问 3D 打印件获批的增材制造技术数据等提供标准流程和途径，支持陆军更广泛使用增材制造技术。

美国开发 AZ31 镁合金铆接新工艺　9 月 3 日，美国太平洋西北国家实验室称，开发出轻质镁合金"旋转锤铆接"工艺。基于搅拌摩擦焊的新型铆接工艺使用类似于搅拌头的高速旋转工具"锤子"，通过摩擦和塑性变形产生热量，使镁合金变软，再施加压力从而制成铆钉头，同时搅拌铆钉头底面，使其与金属板进行冶金结合。新工艺无需对镁合金铆钉进行预热即可进行铆接，解决了 AZ31 镁合金无法在室温下直接进行铆接的问题，相比过去需要先对镁合金铆钉进行预热使其变软，再进行锤击铆接，既显著提高了铆接质量与效率，又降低了成本。

美国利用光束整形改进金属 3D 打印　9 月 17 日，美国劳伦斯利弗莫尔国家实验室研究采用具有无衍射、自愈合等光学特性的贝塞尔光束替代激光粉末床熔融增材制造中常用的高斯光束，实现了对熔池动力学的控制，解决了金属增材制造中物理光学和材料工程之间的脱节问题。对采用商用增材制造设备及不锈钢粉末制造立方体零件的过程进行仿真研究，结果表明，与传统高斯光束相比，采用贝塞尔光束可大幅扩展激光扫描参数空间，形成理想的熔池，且不产生"匙孔"现象，金属制件更致密、强度更高且拉伸性能更好。

美国参议院拨款支持缅因大学建设"未来工厂"　10 月 19 日，缅因大学称,获得美国参议院拨款委员会3500万美元的拨款,用于建设新的数字化研究设施,支持下一代先进制造研究。该"未来工厂"计划在缅因大学先进结构与复合材料中心扩建完成,面积达8547米^2。通过该工厂,研究人员能够使用先进的数字化技术推进大规模、基于生物的增材制造;实现多台大型3D打印机、多机器人的协同工作,全部制造过程均由人工智能和先进机器人来完成,将有助于推动新技术开发以及造船等多个行业的创新发展。

美国开发军用移动式冷喷涂系统 10月21日,美国国家制造科学中心支持开发出可用于军工厂进行航空航天和地面车辆系统维修的移动式冷喷涂系统。该系统包括两个6米长的模块,其中一个模块包含2.3米×2.7米的喷涂房和机器人输送系统、高压冷喷涂系统、集尘装置,以及户外手持喷头等;另一个模块为可选多功能单元,包含车载柴油发电机、空气压缩机,以及用于粉末制备和喷嘴干燥的小型实验室区域。

DARPA启动太空生物制造基础创新研究 11月22日,DARPA启动"生物制造:地外生存、效用和可靠性"(B-SURE)项目,开展利用原位资源进行地外生物制造的生物学基础创新研究,确定太空生物制造的可行性。项目重点开展三项关键技术研究:一是替代原料利用,将确定宿主生物可以消耗的替代原料(如二氧化碳、人类废物和月壤)种类、数量和纯度水平;二是可变重力,确定可变重力在生物制造中对细胞性能的影响;三是可变辐射,确定可变辐射在生物制造中对细胞性能的影响。

美国国防部高超声速挑战赛决出高温复合材料先进制造胜者 12月7日,美国国防部与轻质材料制造创新机构共同宣布,将高超声速挑战赛首个项目授予美国ATC复合材料公司。该项目将探索研究高超声速用射频材料的近净成形制造,解决高超声速飞行器滑翔体、前缘、控制面和鼻尖部件等相关的高温复合材料及其原料的高效、高质量、高可靠性和低成本制造问题。

美国国防部发布《2021 年国防部制造技术计划报告》 12 月，美国国防部研究与工程副部长办公室发布《2021 年国防部制造技术计划报告》。该报告再次明确了国防部制造技术计划的使命与愿景，重点介绍了陆军、海军、空军、国防后勤局、导弹防御局、国防部长办公室等军种、国防部直属机构制造技术计划的 27 项项目成功案例，列出了 2020 年、2021 年国防制造技术成就奖五类奖项提名及获奖清单，简单介绍了 9 个国防部制造创新机构的最新投资情况，展示了国防部制造技术计划在增强美国军事实力和技术优势上的成就。

2021年先进制造领域战略政策汇编

文件名称	国防部增材制造战略		
发布时间	2021年1月	发布机构	美国国防部研究与工程副部长办公室
内容概要	该战略简单介绍了增材制造的内涵,分析了增材制造对国防战略改革的重要作用和意义,概述了战略制定的目的,描绘了国防部使用增材制造的愿景;围绕实现愿景,提出五大战略目标,明确发展重点,规划发展路径;提出下一步计划。五大战略目标:一是将增材制造集成到国防部和国防工业基础中;二是协调国防部和外部合作伙伴的增材制造活动;三是推动和促进增材制造的敏捷应用;四是通过学习、实践和知识共享提高增材制造应用熟练程度;五是确保增材制造工作流程安全		

文件名称	国防部指示5000.93:增材制造在国防部的使用		
发布时间	2021年6月	发布机构	美国国防部研究与工程副部长办公室
内容概要	该指示主要内容:一是围绕增材制造在国防部的实施和应用制定了九项政策;二是明确了国防部研究与工程副部长、国防部首席信息官、国防后勤局局长、各军种部部长、国防部各直属局局长,以及有增材制造需求的国防部各外勤机构、参谋长联席会议主席等的职责;三是围绕采办中的增材制造、研究与工程、增材制造融入供应链、数据管理、数据与设备安全、规范与标准、培训与教育、协作等阐明增材制造在国防部内实施和应用的规程和指南		

续表

文件名称	俄罗斯联邦至2030年增材制造发展战略		
发布时间	2021年7月	发布机构	俄罗斯政府
内容概要	该战略从科技发展、生产制造、行业标准、人力资源、合作、经济效率等方面确定了主要任务和措施,旨在提升俄罗斯增材制造竞争力,推动一批关键技术发展,特别是生物组织、航空航天和核领域高精度产品增材制造。"科技发展"领域主要任务是在对国家利益至关重要及有望保持领先地位的发展方向上,开发增材制造关键技术,推动增材制造设备及材料发展,摆脱进口依赖;主要措施包括采用不同增材制造工艺生产增材制造产品、生产增材制造通用材料、医疗产品增材制造、航空航天、核和电子工业的关键产品增材制造、大尺寸(直径超过1米)金属增材制造、创建增材制造专用系统预测、监测和模拟增材制造过程、生物打印、增材制造产品后处理、实施太空自主生产制造、太空生物打印、与人工智能/机器学习融合实现产品自动增材维修、建立前景增材制造技术清单并定期更新		

2021年先进制造领域重大项目

项目名称	项目基本情况	研究进展	军事影响
自动实现应用的结构化阵列硬件（SAHARA）	利用美国的前沿制造能力，将与国防相关的现场可编程门阵列设计自动、可扩展地转化为可量化的安全结构化专用集成电路；探索新型芯片保护技术，支持零信任环境下的硅制造	2021年3月18日，DARPA宣布实施项目	使美国国防部能够更快速、更经济地开发和部署对国防部现代化优先事项至关重要的先进微电子系统
无接缝车体增材制造	开发世界最大金属增材制造系统，用于战车车体整体成形，净成形尺寸达9.144米×6.096米×3.658米	2021年4月，美国陆军实施项目	提高战车大型部件制造能力，降低制造成本，缩短制造时间，减轻战车重量，提高战车生存能力；提高供应链效率
环境微生物作为生物工程资源（EMBER）	开发一种基于生物技术的稀土分离和提纯策略，从磷矿废物、酸性矿山废水和电子产品回收过程等尚未充分利用的国内资源中分离和提纯稀土元素	2021年7月13日，DARPA发布项目公告	填补国防部稀土供应链的关键缺口

续表

项目名称	项目基本情况	研究进展	军事影响
生物制造：地外生存、效用和可靠性（B-SURE）	开展利用原位资源进行地外生物制造的生物学基础研究，重点研究微生物系统如何利用替代原料来实现生长和生产性能、工程生物系统如何在变重力下发挥作用、工程生物系统如何在银河宇宙辐射负荷增加的情况下发挥作用，确定太空生物制造可行性	2021年11月22日，DARPA发布项目公告	为解决基本生物制造问题、发展天基制造能力奠定基础，可满足美国国防部继续发展和扩展轨道制造的迫切需要，确保供应链弹性和持续的技术优势，发挥国防部在轨道和月球任务中的作用